GRAMMAIRE

ÉLÉMENTAIRE

PAR

CH. MARTY-LAVEAUX

PARIS

ALPHONSE LEMERRE, ÉDITEUR

27-29, PASSAGE CHOISEUL, 27-29

M DCCC LXXIV

GRAMMAIRE ÉLÉMENTAIRE

COURS HISTORIQUE

DE

LANGUE FRANÇAISE

PAR

CH. MARTY-LAVEAUX

EN VENTE :

De l'Enseignement de notre langue. 1 vol. petit in-12,
    papier teinté. . . . . 1 »
Grammaire élémentaire. 1 vol. petit in-12, papier teinté 2 »
    —   1 vol. petit in-12, édition
              classique.. . . . . » 75

EN PRÉPARATION :

Grammaire historique.
Prononciation.
Orthographe.
Ponctuation.
Origine et formation de la langue française.
La langue française au XVIe siècle.
    —   XVIIe —
    —   XVIIIe —
    —   XIXe —
Principes d'étymologie.
Noms de lieux et noms de personnes.
Dialectes et patois.
Langage populaire et proverbial.
Langage des Précieuses.
Langage de la Révolution.

Paris. — J. Claye, impr., 7, rue Saint-Benoît. — [133]

GRAMMAIRE

ÉLÉMENTAIRE

PAR

CH. MARTY-LAVEAUX

PARIS

ALPHONSE LEMERRE, ÉDITEUR

27-29, PASSAGE CHOISEUL, 27-29

M DCCC LXXIV

AVERTISSEMENT

N publiant ce volume, nous cherchons à
faire enfin participer, dans une juste
mesure, l'enseignement grammatical le
plus élémentaire aux résultats prati-
ques des travaux entrepris sur notre
langue depuis plus de cinquante ans.

Au lieu d'accepter de confiance le plan du rudi-
ment latin, que les grammairiens français se trans-
mettent depuis trois siècles, nous avons étudié les
faits grammaticaux dans la langue française elle-
même, et surtout dans les productions de nos grands
écrivains.

De là, entre le travail de nos prédécesseurs et le
nôtre, des différences considérables : nous ne les avons
point cherchées; elles se sont au contraire imposées à
nous.

Les diverses espèces de mots sont réduites de dix à
huit, par la suppression de l'article, mis au nombre

des adjectifs, *et par celle du* participe, *réuni au* verbe *dont il n'est qu'un simple mode*[1].

Nous avons cru devoir insister sur l'emploi des diverses formes des pronoms, *dont on ne dit pas un mot dans les grammaires élémentaires. Malgré nos efforts pour être concis, nous nous sommes trouvé contraint de nous étendre sur ce point important un peu plus que nous ne l'aurions souhaité. Du reste, les instituteurs seront les meilleurs juges de ce qu'il faudra faire apprendre par cœur aux enfants, et de ce qu'il suffira de leur lire et de leur expliquer.*

Dans les verbes, *nous avons établi une distinction absolue entre les* formes simples *et les* locutions verbales : « *Je* frappe » *est une* forme simple *appartenant au verbe* frapper; « J'ai frappé », *au contraire, n'appartient point, à proprement parler, au verbe* frapper, *c'est une* locution verbale *employée pour tenir lieu d'un* temps simple *qui manque dans notre langue. L'étude de la conjugaison se trouve éclaircie et simplifiée par cette distinction importante entre les* formes *et les* locutions, *que nous avons étendue à la plupart des espèces de mots.*

Les règles ordinaires relatives à la formation des temps *ne se trouvent point dans cette grammaire. Ces règles n'ont aucun fondement : en effet, les temps simples de nos verbes ne sont point tirés les uns des*

---

[1]. *Ceux de nos lecteurs qui voudront connaître plus complétement les principes qui nous ont guidé pourront consulter notre volume sur l'Enseignement de la langue française (p. 44-63).*

autres, mais ils ont été, pour la plupart, transcrits sur les temps des verbes latins.

Nous n'exposons ici que les principes fondamentaux de notre langue. Les bizarreries sur lesquelles les grammairiens discutent encore sans pouvoir s'entendre, les points douteux où l'usage des grands écrivains est partagé, ont été soigneusement réservés · ces difficultés ne seront abordées que dans la Grammaire historique, où il sera plus facile de les résoudre.

Tout en nous montrant hardi quant au fond des choses, nous avons cherché à conserver scrupuleusement la forme d'exposition simple et claire adoptée dans nos grammaires classiques.

Loin d'inventer des dénominations nouvelles, nous avons toujours choisi les plus ordinaires, aimant mieux, par exemple, employer le mot de nom que celui de substantif.

Nous ne nous sommes point servi du terme de syntaxe, et au lieu de consacrer à cette partie de la grammaire une place spéciale, nous nous sommes contenté d'indiquer à la suite de chaque espèce de mots, comme l'a fait Lhomond, les principales règles d'accord qui s'y rapportent.

Lorsque nous ne nous sommes pas écarté des doctrines de Lhomond, nous avons souvent laissé subsister les phrases mêmes dont il s'est servi; et, dans les parties véritablement neuves de cette grammaire, nous avons tenté d'imiter son langage précis et toujours intelligible pour les enfants.

Malgré tous ces efforts, nous sentons mieux que personne ce qui manque à notre travail; mais nous conservons l'espoir que nous sommes dans le bon chemin, et que les bienveillantes critiques de nos lecteurs nous aideront à améliorer ce petit livre et à le rendre plus digne du but que nous nous sommes proposé. Nous sommes heureux de pouvoir dès à présent remercier M. Royer, qui a bien voulu lire plusieurs épreuves de notre travail, et dont les excellentes observations nous ont été fort utiles.

NOTIONS
PRÉLIMINAIRES

—

GRAMMAIRE.

1. LA GRAMMAIRE a pour objet l'étude des MOTS.

MOTS. — SONS ET SYLLABES.

2. Chaque MOT se compose d'un ou de plusieurs SONS. Il y a un SON dans *mur,* deux dans *ami (a-mi),* trois dans *abricot (a-bri-cot).* Chacun de ces sons est une SYLLABE.

Tout mot qui se compose d'une syllabe s'appelle MONOSYLLABE : *mur;* tout mot qui se compose de plusieurs syllabes s'appelle POLYSYLLABE : *ami, abricot.*

1

LETTRES.

3. On représente les sons, dans l'écriture, à l'aide des LETTRES.

4. Notre langue a vingt-cinq LETTRES, dont la réunion s'appelle ABÉCÉDÉ, ABÉCÉDAIRE OU ALPHABET.

ALPHABET.

Majuscules.	Minuscules.	Italiques.	Prononciation.	Noms des lettres.
A	a	*a*	a	a
B	b	*b*	be	bé
C	c	*c*	ce	cé
D	d	*d*	de	dé
E	e	*e*	e	é
F	f	*f*	fe	effe
G	g	*g*	ge	gé
H	h	*h*	he	ache
I	i	*i*	i	i
J	j	*j*	je	ji
K	k	*k*	ke	ka
L	l	*l*	le	elle
M	m	*m*	me	emme
N	n	*n*	ne	enne
O	o	*o*	o	o
P	p	*p*	pe	pé
Q	q	*q*	que	qu
R	r	*r*	re	erre
S	s	*s*	se	esse
T	t	*t*	te	te
U	u	*u*	u	u
V	v	*v*	ve	vé
X	x	*x*	xe	icse
Y	y	*y*	i	i grec
Z	z	*z*	ze	zede

Observations sur le tableau précédent.

LES MAJUSCULES, CAPITALES OU GRANDES LETTRES, sont employées dans les inscriptions, dans les enseignes, dans les titres de livres, au commencement des phrases et des noms propres, etc.

LES MINUSCULES, OU PETITES LETTRES, sont les caractères ordinaires des livres imprimés.

LES ITALIQUES, OU LETTRES CURSIVES, sont les caractères ordinaires de l'écriture. Dans les livres imprimés, on les emploie surtout pour distinguer certains mots et les faire remarquer.

La PRONONCIATION que nous indiquons est devenue le nom même des lettres, dans quelques grammaires où l'on a eu principalement en vue de faciliter l'étude de la lecture.

LES NOMS DES LETTRES que nous avons cru devoir adopter sont ceux qu'elles portaient autrefois, et qui sont encore généralement employés.

VOYELLES.

5. Le tableau précédent ne renferme que six lettres formant chacune, à elle seule, un son, une *voix*. Ces lettres, nommées à cause de cela VOYELLES, sont *a, e, i, o, u, y.*

6. Les VOYELLES sont appelées *brèves* lorsqu'on met peu de temps à les prononcer, et *longues* lorsqu'on y appuie.

Excepté *y*, elles sont toutes tantôt *longues* et tantôt *brèves*.

A		*pâte*			*patte.*
E	est	*fête*		et	*trompette.*
I	long	*gîte*		bref	*petite.*
O	dans	*apôtre*		dans	*dévote.*
U		*flûte*			*butte.*

7. L'*e long* s'appelle aussi *e ouvert*, parce qu'il se prononce la bouche très-ouverte.

L'*e bref* est de deux sortes :

1º *Muet*, quand il se prononce très-faiblement;

2º *Fermé*, quand il se prononce la bouche presque fermée.

Ces trois sortes d'*e* se trouvent dans les deux mots : *sévère, évêque*. Les *e* des premières syllabes de ces mots : *sé, é*, sont des *e fermés*; les *e* des secondes syllabes : *vè, vê*, sont des *e ouverts*; les *e* des troisièmes syllabes : *re, que*, sont des *e muets*.

8. L'*y* est toujours *bref*. Il n'a pas de son qui lui soit particulier. Dans les mots tirés directement d'une langue étrangère, il équivaut à *i* simple : *hydre, hymen, type,*

dey; dans les autres mots, il a la valeur de deux *i* : *noyau (noi-iau), pays (pai-is).*

CONSONNES.

9. Les dix-neuf lettres de l'alphabet qui restent lorsqu'on a retranché les six voyelles portent le nom de CONSONNES, c'est-à-dire *qui sonnent avec,* parce qu'elles ne peuvent se prononcer qu'avec le secours des voyelles.

10. L'*h,* suivie d'une voyelle avec laquelle elle forme une syllabe, est *muette* ou *aspirée.*

L'*h muette* ne se fait pas sentir : *les* Hommes, l'Harmonie, se prononcent exactement comme s'il y avait : *les ommes, l'armonie.*

L'*h aspirée* sert à indiquer que la voyelle qui la suit se prononce avec une certaine force, qu'elle *s'aspire.* Quand l'*h aspirée* suit un mot finissant par une *voyelle,* cette *voyelle* ne doit être supprimée ni dans la prononciation ni dans l'écriture : LE Hasard, LA Honte, et non L'Hasard, L'Honte. Quand elle suit un mot finissant par une *consonne,* cette *consonne* ne doit pas s'unir par la prononciation à la lettre *h* : DES Harengs, et non DES z'Harengs; LES Haricots, et non LES z'Haricots [1].

11. Au milieu et à la fin des mots, l'*l* précédée d'un *i* est ordinairement *mouillée,* c'est-à-dire qu'elle se prononce comme dans *famille, bouillie, soleil, orgueil.*

ACCENTS ET AUTRES SIGNES.

12. Il y a trois sortes d'ACCENTS :

1º L'ACCENT AIGU ´, employé exclusivement à marquer l'*e fermé : sévérité.*

2º L'ACCENT GRAVE ` , qui se place principalement sur l'*e ouvert · accès, sévère.*

3º L'ACCENT CIRCONFLEXE ^ , qui surmonte les voyelles *longues* : âge, évêque, abîme, trône, flûte.

13. L'ACCENT GRAVE et l'ACCENT CIRCONFLEXE permettent de distinguer sur-le-

1. Voyez à l'APPENDICE, page 101, *Il aspiré.*

champ certains monosyllabes d'autres monosyllabes qui, écrits de même, mais non
accentués, ont un sens fort différent.

Monosyllabes accentués.	Monosyllabes non accentués.
Il est à Paris.	*Il a faim.*
Allons là.	*La France.*
J'irai où vous voudrez.	*Beau ou laid.*
Je partirai dès demain.	*Le meilleur des hommes.*
Payez-nous notre dû.	*Donnez-nous du pain.*

14. Le POINT · surmonte toujours le *j*;
il surmonte aussi l'*i bref* toutes les fois que
cette lettre n'est pas accompagnée d'un
tréma.

15. Le TRÉMA ·· se place sur les voyelles
i, u, e, quand elles doivent être séparées, dans
la prononciation, de la voyelle qui précède :
haïr, Saül, ambiguë. Le tréma empêche de
prononcer la dernière syllabe de ce mot
ambiguë comme celle de *figue.*

16. L'APOSTROPHE ' tient lieu, à la fin de
quelques mots et surtout de certains monosyllabes, des voyelles *a, e, i,* supprimées
devant un mot commençant par une voyelle

ou par une *h* muette : *l'agrafe, l'homme, m'indiquer, s'il vient, s'entr'aider*, sont pour *la agrafe, le homme, me indiquer, si il vient, se entre aider*.

17. La CÉDILLE , se place sous le ç devant les voyelles *a, o, u*, pour avertir que ce ç doit avoir le son de l'*s* : *façade, leçon, reçu*.

18. Le TRAIT D'UNION – sert à réunir deux mots : *belle-sœur, dit-il*, ou à indiquer, à la fin d'une ligne, qu'un mot n'est pas fini et qu'il continue à la ligne suivante.

GENRE.

19. Les GENRES le plus en usage sont le MASCULIN et le FÉMININ.

Le MASCULIN s'emploie lorsqu'il est question d'un homme, d'un mâle ou d'un objet considéré comme mâle : *le bon père, le lion méchant, le soleil éclatant*. Le FÉMININ s'emploie lorsqu'il s'agit d'une femme, d'une femelle ou d'un objet considéré comme femelle : *la bonne mère, la lionne méchante, la lune brillante*.

Il y a un troisième genre, qu'on appelle NEUTRE, c'est-à-dire *ni l'un ni l'autre,* parce qu'il ne peut être *ni masculin ni féminin :* « *on* frappe; *cela* me réjouit; *il* pleut. » *On, cela, il,* sont neutres. Ce genre ne se trouve que dans les NOMS INDÉFINIS, dans les PRONOMS, et dans les ADJECTIFS qui se rapportent aux noms indéfinis et aux pronoms : dans les adjectifs, le neutre n'a point de formes particulières et se confond avec le masculin : « *cela* est *beau.* »

NOMBRE.

20. Il y a deux NOMBRES :

Le SINGULIER, quand on parle d'une seule personne ou d'une seule chose : *le soldat combat;*

Le PLURIEL, quand on parle de plusieurs personnes ou de plusieurs choses : *les soldats combattent.*

DIFFÉRENTES ESPÈCES DE MOTS.

21. Les mots se divisent en *mots variables,* dont la terminaison peut changer, et

en *mots invariables*, dont la terminaison ne peut pas changer.

Il y a quatre espèces de *mots variables* :

Le NOM, appelé aussi *substantif*,

L'ADJECTIF,

Le PRONOM,

Le VERBE.

Il y a quatre espèces de *mots invariables* :

La PRÉPOSITION,

L'ADVERBE,

La CONJONCTION,

L'INTERJECTION.

MOTS VARIABLES.

NOM ou *SUBSTANTIF.*

Nature du nom.

22. Le nom est un mot qui sert à *nommer* un être, c'est-à-dire une personne, un animal ou une chose : *homme, Charles, Marie, agneau, France, Paris, maison.* On l'appelle aussi substantif, parce qu'il désigne la *substance* même de l'être.

Différentes espèces de noms.

23. Il y a deux espèces de noms :
Le nom propre,
Le nom commun.

1° Nom propre.

24. Le nom propre : *France, Paris, Charles, Marie,* est ainsi appelé parce qu'il est *propre*, particulier, à un seul pays, ou à une seule ville, ou à un petit nombre d'hommes ou de femmes.

2° *Nom commun.*

25. Le NOM COMMUN est ainsi appelé parce qu'il est *commun* à tous les êtres qui présentent les mêmes caractères. Il désigne une personne ou une chose : *homme, agneau, maison.*

DIFFÉRENTES ESPÈCES DE NOMS COMMUNS.

26. Outre le NOM COMMUN ordinaire, dont nous venons de parler, il y a plusieurs espèces de NOMS COMMUNS :

Le NOM COLLECTIF,
Le NOM ABSTRAIT,
Le NOM INDÉFINI,
Le NOM DIMINUTIF,
Le NOM COMPOSÉ.

27. Le NOM COLLECTIF désigne une *collection*, une réunion de personnes ou de choses : *foule, troupe, multitude.*

28. Le NOM ABSTRAIT désigne une qualité *abstraite*, c'est-à-dire tirée, séparée d'un objet, et considérée comme ayant par elle-même une existence propre. J'aperçois une balle, je vois qu'elle est *ronde*, qu'elle est *blanche*, je la prends et je sens qu'elle est *lourde;* si je considère d'une façon abstraite, c'est-à-dire séparément, chacune de ces manières d'être de la balle, je parle de la *forme*, de la *couleur*, de la *pesanteur;* comme si c'étaient des choses aussi réelles que la balle elle-même. *Forme, couleur, pesanteur,* sont des NOMS ABSTRAITS. Les noms des vertus et des vices : *douceur, franchise, férocité, avarice,* sont également des NOMS ABSTRAITS.

29. Le NOM INDÉFINI désigne un être qui n'est point connu, *défini,* déterminé. Quand je dis *on frappe,* le mot *on* indique que quelqu'un frappe, mais sans le désigner en aucune manière. *On* est un NOM INDÉFINI.

Parfois un nom commun devient, par l'emploi qu'on en fait, un véritable NOM INDÉFINI. Dans cet exemple : « *j'ai vu* la personne *que vous m'avez envoyée,* » *personne* est un NOM COMMUN ordinaire ; mais dans la phrase suivante : « *personne n'est venu,* » *personne* est un NOM INDÉFINI.

30. Le NOM DIMINUTIF ajoute à l'idée principale qu'il exprime une idée de petitesse : *maisonnette* indique une petite maison, *monticule* un petit mont. L'expression *diminutif* s'applique, comme on le voit, à la signification du mot et non à sa forme, car, au lieu d'être diminué, il est au contraire allongé. Les NOMS PROPRES ont parfois des DIMINUTIFS : ainsi, *Pierre* fait *Pierrot, Marie* fait *Mariette* et *Marion.*

31. Le NOM COMPOSÉ est formé de la réunion de plusieurs mots équivalant à un seul : *rouge-gorge, arc-en-ciel, garde-manger.*

GENRE DANS LES NOMS.

32. Les noms d'*hommes* ou de *mâles* sont MASCULINS ; les noms de *femmes* ou de *femelles* sont FÉMININS.

33. La plupart du temps il n'y a pour les deux genres qu'un même mot dont la terminaison seule varie. Dans ce cas, LE FÉMININ EST TOUJOURS TERMINÉ PAR UN *c* MUET : *cousin, cousi*NE; *chien, chien*NE; *loup, louv*E; *menteur, menteu*SE; *acteur, actri*CE; *défendeur, défende*RESSE.

34. Quelquefois, cependant, chaque genre est désigné par un mot entièrement différent : *l'homme, la femme; le frère, la sœur; le coq, la poule; le singe, la guenon.*

35. Enfin, certains animaux n'ont, pour les deux genres, qu'un seul nom invariable, soit masculin, soit féminin, qui désigne l'espèce en général : *panthère, éléphant.* Lorsqu'on veut indiquer le sexe de l'animal, on est obligé d'ajouter à ces noms le mot *mâle* ou le mot *femelle : une panthère mâle, une panthère femelle; un éléphant mâle, un éléphant femelle.*

36. Les noms qui ne désignent ni des *mâles* ni des *femelles* ont un genre grammatical qui leur a été attribué arbitrairement. Les uns ont reçu le genre masculin :

le prunier, le buffet, le pont, le soleil, le régiment, le bonheur; les autres ont reçu le genre féminin : *la lune, la pervenche, la table, la chaise, la maison, la foule, la joie.*

Il est impossible d'établir des règles absolues sur le genre de ces noms. On peut en faciliter l'étude par quelques remarques [1]; mais le meilleur moyen d'apprendre sûrement les genres est d'écouter les personnes qui parlent bien et de lire avec attention. Tous les noms précédés des mots *le* ou *un* sont *masculins;* tous les noms précédés des mots *la* ou *une* sont *féminins.* En cas de doute, on doit consulter le dictionnaire.

Nombre dans les noms.

37. AU PLURIEL, LES NOMS SE TERMINENT PAR S : « *l'enfant,* les *enfants* ; le *fils,* les *fils* ; le *verrou. les verrous.* »

[1] On trouvera ces remarques dans la *Grammaire historique* qui fera partie de notre Cours.

Cependant, certains noms se terminent par *z* ou par *x*, et d'autres ne prennent pas d'*s*.

38. La TERMINAISON EN *z* n'appartient qu'à fort peu de noms, qui, finissant au singulier par *z*, ne changent pas au pluriel : *le nez, les nez* ; *le gaz, les gaz*.

39. La TERMINAISON EN *x* s'applique :

1° A tous les noms terminés par *x* au singulier : *le choix, les choix* ; *la faux, les faux* ;

2° A tous les noms en *au, eau, eu*, et à plusieurs noms en *ou* : *le tuyau, les tuyaux, le bateau, les bateaux* ; *le feu, les feux* ; *le chou, les choux* ;

3° A ceux des noms en *al* et en *ail* qui font leur pluriel en *aux* : *le fan*AL, *les fan*AUX ; *le cor*AIL, *les cor*AUX.

40. LES NOMS QUI NE PRENNENT PAS D'*s* au pluriel sont :

1° LES NOMS PROPRES qui désignent individuellement les membres d'une même famille : « les deux *Corneille* sont nés à Rouen ; »

2° Certains NOMS TIRÉS DIRECTEMENT DES LANGUES ÉTRANGÈRES, qui ne sont pas d'un usage très-fréquent : « un *alibi*, des *alibi*; un *maximum*, des *maximum*; »

3° Quelques NOMS COMPOSÉS, qui, à cause de leur signification, ne peuvent prendre l's. *Abat-jour*, désignant un instrument qui *abat le jour* et non *les jours*, ne peut varier au pluriel : « des *abat-jour*. »

Néanmoins il y a des cas où ces diverses espèces de noms prennent une *s* :

1° Les NOMS PROPRES prennent une *s* quand ils désignent toute une classe d'individus, toute une race : « les Bourbon*s*, les César*s*; » ou quand ils servent de noms communs, pour désigner des individus semblables à ceux dont on emploie le nom propre : « les Corneille*s* sont rares ; »

2° Les NOMS TIRÉS DIRECTEMENT DES LANGUES ÉTRANGÈRES prennent une *s* quand ils sont d'un usage fréquent : « des opéra*s*, des récépissé*s*; »

3° Les NOMS COMPOSÉS ajoutent une *s* à celui ou à ceux des mots dont ils se composent auxquels le sens permet de la joindre : « un arc-en-ciel, des arcs-en-ciel, » c'est-à-dire des *arcs* qui sont dans le *ciel;* « un arc-boutant, des arcs-boutants. »

Nom *employé*

comme SUJET *ou comme* COMPLÉMENT

41. On appelle SUJET le mot représentant l'être qui fait une action. Dans « *Pierre* a prêté *un livre à Paul,* » Pierre est celui qui a fait l'action de prêter ; par conséquent ce mot, *Pierre,* est le SUJET.

42. Dans la même phrase, les mots *un livre,* qui indiquent ce que Pierre a prêté, sont le COMPLÉMENT DIRECT; les mots *à Paul,* qui indiquent à qui Pierre a prêté, forment un autre complément, moins indispensable et moins immédiat, qui se nomme COMPLÉMENT INDIRECT.

43. On voit que le *nom* s'emploie soit comme *sujet,* soit comme *complément,* sans subir aucun changement.

ADJECTIF.

NATURE DE L'ADJECTIF.

44. L'ADJECTIF est un mot *ajouté* à un nom pour faire connaître la manière d'être de ce nom : « hommes *cruels; premier* étage; *la* place; *cette* maison; *mes* livres. »

GENRE ET NOMBRE
DANS L'ADJECTIF.

45. L'ADJECTIF, ne désignant point les êtres, ne peut avoir par lui-même ni *genre* ni *nombre :* il prend le genre et le nombre du nom auquel il se rapporte. Ainsi, dans les exemples précédents, l'ADJECTIF *cruels* est au masculin et au pluriel, parce que le nom *hommes* est au masculin et au pluriel; l'ADJECTIF *la* est au féminin et au singulier, parce que le nom *place* est au féminin et au singulier; etc.

DIFFÉRENTES ESPÈCES D'ADJECTIFS.

46. Il y a trois ESPÈCES D'ADJECTIFS :
L'ADJECTIF QUALIFICATIF,
L'ADJECTIF NUMÉRAL,
L'ADJECTIF PRONOMINAL.

1° *Adjectif qualificatif.*

NATURE DE L'ADJECTIF QUALIFICATIF.

47. L'ADJECTIF QUALIFICATIF est ajouté au nom pour indiquer quelles sont les *qualités* de ce nom : *blanc, noir, liquide, épais; lourd, léger, beau, laid, bon, mauvais.*

GENRE DANS LES ADJECTIFS QUALIFICATIFS.

48. LE FÉMININ DES ADJECTIFS QUALIFICATIFS EST TOUJOURS TERMINÉ PAR UN E MUET.

Les ADJECTIFS QUALIFICATIFS qui finissent par un *e muet* au masculin ne changent pas au féminin : « l'enfant *sage*, la fille SAGE »

Ceux qui n'ont point d'*e muet* au masculin en prennent un au féminin : *poli, poli*E; *grand, grand*E; *gros, gross*E; *bel, bel*LE; *malin, mali*GNE; *bref, brève; dangereux, dangereus*E; *doux, douc*E; *trompeur, trompeus*E; *vengeur, venge*RESSE.

NOMBRE DANS LES ADJECTIFS QUALIFICATIFS.

49. AU PLURIEL, LES ADJECTIFS QUALIFICATIFS SE TERMINENT PAR S : « la *belle* maison, les *belles* maisons; le *joli* jardin, les *jolis* jardins. »

Cependant, certains ADJECTIFS QUALIFICATIFS se terminent au pluriel par *x*. Ce sont :

1° Tous les adjectifs qualificatifs terminés au singulier par *x* : « un homme *heureu*x, des hommes *heureu*x; »

2° Tous les adjectifs qualificatifs en *eau* : « le *beau* jardin, les *beaux* jardins; »

3° Ceux des adjectifs qualificatifs en *al* qui font le pluriel en *aux* : « un livre *mor*AL, des livres *mor*AUX. »

ACCORD DE L'ADJECTIF QUALIFICATIF AVEC PLUSIEURS NOMS.

50. Des noms qui, pris séparément, désignent chacun une seule personne : *le général, le soldat*, en désignent nécessairement plusieurs lorsqu'ils sont réunis : *le général et le soldat*. Ces noms, donnant alors une idée de *pluralité*, veulent au *pluriel l'adjectif* qui les qualifie : « le général et le soldat *loyaux*. »

51. Lorsqu'un des noms est *masculin*, l'*adjectif* se met au *masculin* : « le père et la mère *contents*. »

ADJECTIF QUALIFICATIF COMPARATIF ET LOCUTIONS COMPARATIVES.

52. L'ADJECTIF QUALIFICATIF COMPARATIF ajoute l'idée de *comparaison* à l'idée exprimée par l'adjectif qualificatif simple.

53. Nous n'avons qu'un très-petit nombre d'ADJECTIFS COMPARATIFS :

Moindre est le comparatif de *petit* :

« cette quantité de blé est *petite,* cette autre est *moindre;* »

Pire est le comparatif de *mauvais :* « de ces deux fruits, l'un est *mauvais,* l'autre est *pire;* »

Meilleur est le comparatif de *bon :* « ce gâteau est *bon,* mais celui-là est *meilleur;* »

Inférieur signifie, au propre, *plus bas :* « le cours *inférieur* du fleuve, » et par suite, au figuré, *moins bon :* « de la viande de qualité *inférieure;* »

Supérieur signifie, au propre, *plus haut :* « la partie *supérieure* de la montagne, » et par suite, au figuré, *meilleur :* « une éducation *supérieure.* »

54. *Moindre* équivaut à *plus petit,* *pire* à *plus mauvais.* Ces LOCUTIONS COMPARATIVES *plus petit, plus mauvais*[1], s'employant aussi bien que les ADJECTIFS COMPARATIFS *moindre* et *pire,* on voit que le mot *plus* placé devant un adjectif qualificatif donne à

---

1. Quant à *plus bon,* qui serait l'équivalent de *meilleur,* il n'est pas en usage.

cet adjectif le sens d'un *adjectif comparatif*[1].

On forme ainsi les *locutions comparatives* destinées à remplacer les *adjectifs comparatifs* qui manquent en français.

ADJECTIF QUALIFICATIF SUPERLATIF ET LOCUTIONS SUPERLATIVES.

55. L'ADJECTIF QUALIFICATIF SUPERLATIF exprime dans un *très-haut* degré la qualité indiquée par l'adjectif qualificatif simple.

Minime est le superlatif de *petit :* « votre bien est *petit*, le mien *moindre*, le sien *minime*. »

Infime, qui correspond à *inférieur*, signifie très-bas : « une situation *infime*[2]. »

56. Les mots *très, fort, extrêmement, le plus*, etc., placés devant les adjectifs qualificatifs, servent à suppléer à l'absence presque absolue en français d'*adjectifs superlatifs*[3] et forment des *locutions superlatives*.

1. Voyez l'article ADVERBE, n° 197.
2. Nous nous contentons de rappeler certains superlatifs en *issime*, dont on ne se sert qu'en plaisantant, tels que : *richissime*, très-riche ; *grandissime*, très-grand, etc.
3. Voyez l'article ADVERBE, nos 200 et 201.

ADJECTIF QUALIFICATIF
employé comme NOM;
NOM *employé comme* ADJECTIF
QUALIFICATIF.

57. L'ADJECTIF QUALIFICATIF s'emploie quelquefois comme NOM.

Lorsqu'on dit : « l'air *chaud,* l'eau *froide,* » *chaud, froide,* sont des adjectifs, qui qualifient *air* et *eau;* mais, lorsqu'on dit : « le *chaud,* le *froid,* » ces expressions équivalent à « la *chaleur,* la *froidure,* » et les mots *chaud* et *froid* sont alors des noms.

58. D'autres fois, au contraire, le NOM s'emploie comme ADJECTIF QUALIFICATIF.

Cette phrase : « soyez *homme,* » adressée à un homme, n'aurait aucun sens, si *homme* était pris dans sa signification ordinaire de nom; mais ce mot *homme* résume ici les différentes qualités d'un homme vraiment digne de ce nom, et surtout la fermeté, l'énergie, le courage. Dans cet exemple, *homme* est donc pris adjectivement.

2° *Adjectif numéral.*

NATURE DE L'ADJECTIF NUMÉRAL.

59. L'ADJECTIF NUMÉRAL ajoute au nom une idée de *nombre*.

DIFFÉRENTES ESPÈCES D'ADJECTIFS NUMÉRAUX.

60. Il y a deux espèces d'ADJECTIFS NUMÉRAUX :

L'ADJECTIF NUMÉRAL CARDINAL,
L'ADJECTIF NUMÉRAL ORDINAL.

Adjectif numéral cardinal.

61. L'ADJECTIF NUMÉRAL CARDINAL désigne le nombre des objets.

Les ADJECTIFS NUMÉRAUX CARDINAUX sont : *un, deux, trois, quatre, cinq, six, sept, huit, neuf, dix, onze, douze, treize, quatorze, quinze, seize, vingt, trente, quarante, cinquante, soixante, quatre-vingts, cent, mille* (ou *mil*, dans le compte des années : « l'an *mil* huit cent soixante-treize »).

62. Les ADJECTIFS NUMÉRAUX CARDINAUX

n'ont qu'une forme pour les deux genres, à l'exception de *un*, qui fait *une* au féminin : « vingt et *un* hommes, trente et *une* femmes. »

Ils ne prennent point le signe du pluriel, à l'exception de *vingt* et *cent* précédés d'un autre adjectif numéral cardinal qui les multiplie : « quatre-*vingts* francs, trois *cents* chevaux. » Ces mots *vingt* et *cent* eux-mêmes restent invariables lorsqu'ils sont suivis d'un autre adjectif numéral cardinal : « quatre-*vingt*-deux mètres ; trois *cent* trente grammes. »

Adjectif numéral ordinal.

63. L'ADJECTIF NUMÉRAL ORDINAL exprime l'*ordre*.

Il se forme en ajoutant la terminaison *ième* aux adjectifs numéraux cardinaux qui finissent par une consonne, et en changeant, dans les autres, *e* en *ième* : « *un, un ième* ; *deux, deux ième* , *trois, trois ième* ; *quatre, quatr ième*, etc.» *Neuf* change *f* en *v*, et *cinq* prend un *u* devant la terminaison *ième* : « *neuf, neuvième* ; *cinq, cinquième.* »

64. Il y a, pour désigner les deux pre-

miers nombres, deux adjectifs numéraux ordinaux particuliers : *premier, second.* Ils ne s'emploient avec aucun autre adjectif numéral : « *première* leçon, *second* régiment. » Après un adjectif numéral cardinal, on emploie *unième* et *deuxième :* « vingt et *unième* leçon, trente-*deuxième* régiment. »

65. Les ADJECTIFS NUMÉRAUX ORDINAUX n'ont qu'une forme pour les deux genres, à l'exception de *premier* et de *second,* qui ont des formes distinctes pour le masculin et pour le féminin : « le *premier* prix, la *première* place ; le *second* volume, la *seconde* chanteuse. »

Tous les ADJECTIFS NUMÉRAUX ORDINAUX, sans exception, prennent l'*s* au pluriel : « les *premiers,* les *seconds,* les *douzièmes.* »

3° *Adjectif pronominal.*

66. Comme l'ADJECTIF PRONOMINAL se rattache au *pronom,* nous n'en parlerons que dans l'article suivant : PRONOM.

PRONOM

et

ADJECTIF PRONOMINAL.

—

NATURE DU PRONOM.

67. Le PRONOM est ainsi appelé, parce qu'il tient souvent la *place du nom*. Dans cet exemple : « un *homme* accourt, *il* entre, » *homme* est un NOM, *il* est un PRONOM. Ces mots indiquent tous deux le même être; mais le NOM le nomme, tandis que le PRONOM le désigne seulement sans le nommer.

NATURE DE L'ADJECTIF PRONOMINAL.

68. L'ADJECTIF PRONOMINAL a de grands rapports avec le pronom; mais, au lieu de *remplacer* le nom, il s'y *ajoute* pour le mo-

difier; et il prend ainsi le caractère d'un véritable adjectif. Quand on dit : « *mon* cheval, » le mot *mon* s'ajoute au mot *cheval* et le détermine, en indiquant que le cheval appartient à la personne qui parle ; par conséquent c'est un *adjectif;* mais, en même temps, cet adjectif renferme l'idée du *pronom me* ou *moi,* c'est donc un ADJECTIF PRONOMINAL.

DIFFÉRENTES ESPÈCES DE PRONOMS ET D'ADJECTIFS PRONOMINAUX.

69. Il y a cinq espèces de PRONOMS avec cinq espèces d'ADJECTIFS PRONOMINAUX qui y correspondent :

1° Le PRONOM PERSONNEL, auquel se rattache l'ADJECTIF DÉTERMINATIF;

2° Le PRONOM POSSESSIF, avec l'ADJECTIF POSSESSIF;

3° Le PRONOM DÉMONSTRATIF, avec l'ADJECTIF DÉMONSTRATIF;

4° Le PRONOM RELATIF, qui s'emploie souvent *interrogativement,* et auquel se rattache l'ADJECTIF INTERROGATIF;

5° LE PRONOM INDÉFINI, avec l'AD-JECTIF INDÉFINI.

1° *Pronom personnel et Adjectif déterminatif.*

NATURE DU PRONOM PERSONNEL.

70. LE PRONOM PERSONNEL désigne une des trois *personnes,* ou, pour mieux dire, un des trois *personnages,* un des trois rôles du discours :

La PREMIÈRE PERSONNE est celle qui parle : « *je* frappe ; »

La SECONDE PERSONNE est celle à qui l'on parle : « *tu* frappes ; »

La TROISIÈME PERSONNE est celle dont on parle : « *il* frappe. »

71. FORMES DU PRONOM PERSONNEL.

PREMIÈRE PERSONNE.

Singulier.
Formes des deux genres.
Je, Me, Moi.

Pluriel.
Formes des deux genres.
Nous.

DEUXIÈME PERSONNE.

Singulier.
Formes des deux genres.
Tu, Te, Toi.

Pluriel.
Formes des deux genres.
Vous.

TROISIÈME PERSONNE.

Singulier.

Masculin ou neutre.	*Féminin.*	*Formes des deux genres.*
Il, Le.	Elle, La.	Lui, Se, Soi.

Pluriel.

Masculin.	*Féminin.*	*Formes des deux genres.*
Ils, Eux.	Elles.	Les, Leur.

†

EMPLOI DU PRONOM PERSONNEL.

72. *Je, tu, il, ils*, sont toujours SUJET.

Le, la, les, sont toujours COMPLÉMENT DIRECT : « *je le* vois ; *tu la* plains ; *il les* attend. »

Leur est toujours COMPLÉMENT INDIRECT sans préposition : « je *leur* dis. »

73. *Elle, elles*, sont :

Ou SUJET : « *elles* entrent ; »

Ou COMPLÉMENT INDIRECT : « parlez *à elle*. »

74. *Me, te, se*, sont :

Ou COMPLÉMENT DIRECT : « tu *me* récompenses ; il *te* punit ; elle *se* dévoue ; »

Ou COMPLÉMENT INDIRECT sans préposition : « je *me* reproche ma faute ; il *te* pardonne ; elle *se* parle à elle-même. »

75. *Soi* est :

Ou COMPLÉMENT DIRECT : « n'aimer que *soi* ; »

Ou COMPLÉMENT INDIRECT avec préposition : « rapporter tout *à soi*. »

76. *Moi, toi*, sont :

Ou COMPLÉMENT DIRECT après un impératif : « frappe-*moi*, si je l'ai mérité ; punis-*toi* de ta faute ; »

Ou COMPLÉMENT INDIRECT sans préposition, également après un *impératif* : « prête-*moi* ton livre ; donne-*toi* quelque repos ; »

Ou COMPLÉMENT INDIRECT avec préposition : « il a prêté son livre *à moi* et à mon frère. »

77 *Lui, eux*, sont :

Ou SUJET, quand on veut appuyer fortement sur ce qu'on dit ou marquer une opposition : « *je* travaille, mais *lui* et *eux* jouent ; »

Ou COMPLÉMENT DIRECT, lorsqu'il y a plusieurs compléments : « on punit *eux* et *lui* du bruit qui a été fait en classe ; »

Ou COMPLÉMENT INDIRECT avec préposition : « donner *à lui*, recevoir *d'eux*. »

Lui s'emploie aussi comme COMPLÉMENT INDIRECT sans préposition ; dans ce cas, il sert pour les *deux genres* : « ta mère va entrer, apporte-*lui* un fauteuil ; voici ton frère, prête-*lui* ton jouet ; » tandis qu'avec une préposition, il ne s'emploie qu'au *masculin* : « parlez *à lui*. »

78. *Nous, vous,* sont :

Ou SUJET : « *nous* aimons notre pays ; »

Ou COMPLÉMENT DIRECT : « aimez-*vous* les uns les autres ; »

Ou COMPLÉMENT INDIRECT avec préposition : « donnez *à nous*, et non à d'autres, ce que nous avons mérité ; »

Ou COMPLÉMENT INDIRECT sans préposition : « préparez-*vous* des ressources pour la vieillesse. »

79. Quelquefois on redouble le pronom pour attirer davantage l'attention sur ce qu'on dit : « *nous*, nous partons, *vous*, vous restez. » Les pronoms *je, me, tu, te, il, ils, le,* se prononcent trop sourdement pour être redoublés ainsi ; au lieu de les employer, on se sert de *moi, toi, lui, eux :* « *moi*, je pars, *toi*, tu restes ; *moi*, le sort me frappe, *lui*, la fortune le favorise. »

GENRE DANS LE PRONOM PERSONNEL.

80. Le pronom des deux premières personnes est des deux genres : *masculin*, si

c'est un homme qui parle ; *féminin*, si c'e
une femme.

81. Le pronom de la troisième personne a :

1° Des formes masculines : « *ils* sont
partis; »

2° Des formes féminines : « *elles* sont
arrivées ; »

3° Des formes des deux genres : « ces
dames se promènent, je viens de *les* voir ; ces
comédiens ont fort bien chanté, je *les* ai
entendus; »

4° Des formes neutres : *il, le.* Quand on
dit : « travaille, *il le* faut, » les pronoms *il* et
le, ne rappelant l'idée ni du genre masculin,
ni du genre féminin, sont par conséquent
neutres [1].

NATURE DE L'ADJECTIF DÉTERMINATIF.

82. L'ADJECTIF DÉTERMINATIF *le, la, les,*
sert à *déterminer* l'étendue de signification
du nom.

1. Pour les mots *où, en, y,* servant, en quelque
sorte, de PRONOMS PERSONNELS, voyez l'article
ADVERBE, n° 193.

Lorsqu'il précède un nom qui paraît pour la première fois et dont la signification ne se trouve pas limitée dans la phrase, il laisse à ce nom son sens le plus étendu : « *le* tigre est cruel, *la* rose est odorante. » *Le, la,* indiquent ici que les noms *tigre* et *rose* désignent non un certain tigre ou une certaine rose, mais l'ensemble des tigres et des roses, l'espèce même du tigre et celle de la rose.

Lorsque l'ADJECTIF DÉTERMINATIF *le, la, les,* s'applique, au contraire, à un être déjà connu, cet adjectif indique qu'il n'est question que de cet être. Si l'on dit, par exemple : « avez-vous vu *le* tigre? j'ai cueilli *la* rose, » les adjectifs *le, la,* indiquent qu'il s'agit d'un tigre et d'une rose dont on a parlé précédemment.

83 FORMES DE L'ADJECTIF DÉTERMINATIF.

SINGULIER		PLURIEL des deux genres.
Masculin.	Féminin.	
Le	La	Les
Du		Des
Au		Aux

EMPLOI DE L'ADJECTIF DÉTERMINATIF.

84. Les formes *le, la, les,* sont les mêmes que nous avons vues servant de compléments directs dans les pronoms de la troisième personne. Considérées comme PRONOMS, ces formes s'emploient seules ; considérées comme ADJECTIFS DÉTERMINATIFS, elles précèdent toujours les noms communs.

Dans cet exemple : « *le* capitaine entre, je *le* vois, » *le* paraît deux fois, et se rapporte, chaque fois, au nom *capitaine;* mais, dans le premier cas, c'est un ADJECTIF DÉTERMINATIF qui précède le nom, tandis que, dans le second cas, c'est un PRONOM employé seul qui représente le nom.

85. Les formes *du* et *au* se placent devant un nom masculin singulier commençant par une consonne ou par une *h* aspirée : « l'amour *du* devoir ; l'épée confiée *au* héros. » Elles équivalent à *de le, à le,* qui ne s'emploient que devant une voyelle ou une *h* muette : « la lettre *de* l'ami ; le courage sied *à* l'homme. »

Au pluriel, les formes *des, aux,* sont seules usitées, dans le sens de *de les, à les,* qui ne se disent point : « le dévouement *des* mères ; obéir *aux* chefs. »

2° *Pronom possessif et Adjectif possessif.*

NATURE DE L'ADJECTIF POSSESSIF.

86. L'ADJECTIF POSSESSIF ajoute au nom une idée de *possession* relative à une des trois personnes.

DIFFÉRENTES ESPÈCES D'ADJECTIFS POSSESSIFS,

87. Il y a deux espèces d'adjectifs possessifs :

Mon, Ton, Son;

Mien, Tien, Sien.

88. FORMES DE L'ADJECTIF POSSESSIF *Mon, Ton, Son.*

Pour les trois personnes du singulier :

	SINGULIER		PLURIEL
	Masculin.	Féminin.	des deux genres
1re personne . . .	Mon	Ma	Mes
2e personne . . .	Ton	Ta	Tes
3e personne . . .	Son	Sa	Ses

Pour les trois personnes du pluriel :

	SINGULIER des deux genres.	PLURIEL des deux genres.
1re personne . . .	Notre	Nos
2e personne . . .	Votre	Vos
3e personne . . .	Leur	Leurs

EMPLOI DE L'ADJECTIF POSSESSIF
Mon, Ton, Son.

89. Pour la douceur de la prononciation, on emploie les formes masculines *mon, ton, son,* devant les noms féminins commençant par une voyelle ou par une *h* muette ; ainsi, au lieu de dire : « *ta* amitié, *sa* humanité, » on dit : « *ton* amitié, *son* humanité. »

90. Les formes *mes, tes, ses,* quoique au pluriel, ne se rapportent qu'à une seule personne. Quand je dis . « *mes* livres, » il est question de plusieurs livres, mais appartenant tous à moi seul.

91. Les formes *notre, votre, leur,* quoique au singulier, se rapportent, au contraire, à plusieurs personnes. « *Notre* maison, » n'indique qu'une seule maison, mais appartenant à plusieurs propriétaires.

92. L'ADJECTIF POSSESSIF *leur, leurs*, est en réalité le même mot que le PRONOM PERSONNEL *leur*, complément indirect de la troisième personne. Mais il importe de bien remarquer que, quand on dit : « je *leur* ai montré *leur* intérêt ; je *leur* ai fait reconnaître *leurs* fautes, » *leur*, employé seul comme PRONOM dans : « je *leur* ai montré, je *leur* ai fait reconnaître, » reste toujours invariable, tandis que dans : « *leur* intérêt, *leurs* fautes, » *leur*, ADJECTIF POSSESSIF accompagnant un nom, suit nécessairement, comme tout adjectif, le nombre du nom auquel il est joint.

NATURE DE L'ADJECTIF OU PRONOM POSSESSIF
Mien, Tien, Sien.

93. Autrefois cet adjectif se joignait fort bien au nom : « un *mien* père, un *sien* frère. » Aujourd'hui il n'est plus guère employé de la sorte ; mais, accompagné de l'adjectif déterminatif *le, la, les*, il sert de PRONOM POSSESSIF.

94. Dans cet exemple : « *mon* père est

venu avec *le tien,* » *mon* est un véritable ADJECTIF POSSESSIF, puisqu'il accompagne le nom *père,* tandis que *le tien* remplit les fonctions de PRONOM, puisqu'il remplace *ton père.*

95. FORMES DE L'ADJECTIF OU PRONOM POSSESSIF *Mien, Tien, Sien.*

Pour les trois personnes du singulier:

	SINGULIER	
	Masculin	Féminin.
1re personne . . .	Mien	Mienne
2e personne . . .	Tien	Tienne
3e personne . . .	Sien	Sienne

	PLURIEL	
	Masculin.	Féminin.
1re personne . . .	Miens	Miennes
2e personne . . .	Tiens	Tiennes
3e personne . . .	Siens	Siennes

Pour les trois personnes du pluriel:

	SINGULIER des deux genres.	PLURIEL des deux genres.
1re personne . . .	Nôtre	Nôtres
2e personne . . .	Vôtre	Vôtres
3e personne . . .	Leur	Leurs

96. *Notre, votre,* appartenant à l'adjectif possessif *mon, ton,* s'écrivent *sans accent circonflexe; nôtre, vôtre,* appartenant au pronom possessif *mien, tien,* s'écrivent *avec un accent circonflexe.*

Les formes *leur, leurs,* sont communes à l'adjectif possessif et au pronom possessif.

3° *Pronom démonstratif et Adjectif démonstratif.*

NATURE DU PRONOM DÉMONSTRATIF.

97. Ce pronom sert à *démontrer,* à indiquer les personnes ou les choses qu'il représente.

98. FORMES DU PRONOM DÉMONSTRATIF.

SINGULIER			PLURIEL	
Neutre.	Masculin.	Féminin.	Masculin.	Féminin.
Ce	Celui	Celle	Ceux	Celles
Ceci	Celui-ci	Celle-ci	Ceux-ci	Celles-ci
Cela	Celui-là	Celle-là	Ceux-là	Celles-là

99 *Celui, celle,* joints à *ci* : « *celui-ci, celle-ci,* » désignent les objets les plus rapprochés, joints à *là* · « *celui-là, celle-là,* » ils désignent au contraire les objets les plus

éloignés . « voulez-vous cette *fleur ?* je n'aime pas *celle-ci,* je préfère *celle-là.* »

NATURE DE L'ADJECTIF DÉMONSTRATIF.

100. L'ADJECTIF DÉMONSTRATIF ajoute au nom une *désignation* précise : « *cet* homme, *cette* femme. »

101. FORMES DE L'ADJECTIF DÉMONSTRATIF.

SINGULIER		PLURIEL des deux genres.
Masculin.	Féminin.	
Ce, Cet	Cette	Ces

La forme masculine *ce* s'emploie devant une consonne ou une *h aspirée :* « *ce* vieillard, *ce* héros; » la forme masculine *cet* s'emploie devant une voyelle ou une *h muette :* « *cet* ami, *cet* homme. »

4° *Pronom relatif et Adjectif interrogatif.*

NATURE DU PRONOM RELATIF.

102. Le PRONOM RELATIF joint à la nature du pronom la propriété de lier deux membres de phrase : « Paul est un élève

qui travaille bien ; l'homme contre *lequel* je parle. » On appelle ce pronom RELATIF, parce qu'il est en *relation* avec un nom ou un pronom qui le précède.

DIFFÉRENTES ESPÈCES DE PRONOMS RELATIFS.

103. Il y a deux PRONOMS RELATIFS : *Qui, Lequel.*

104. FORMES DU PRONOM *Qui.*

SINGULIER ET PLURIEL des trois genres.		SINGULIER neutre.
Qui	Que	Quoi

EMPLOI DU PRONOM RELATIF *Qui.*

105. *Qui, que,* peuvent se rapporter aux trois personnes et sont des trois genres et des deux nombres : « nous *que* tu connais ; vous *qui* êtes sages ; l'homme *qui* t'a parlé ; ce *qui* te semble bon ; la femme *que* tu entends. »

Qui sert de SUJET au second membre de phrase : « le père *qui* chérit ses enfants. » Il s'emploie aussi comme COMPLÉMENT INDIRECT avec préposition : « le bienfaiteur à *qui* nous devons tout ; celui de *qui* nous avons reçu de si grands présents. »

Que est toujours COMPLÉMENT DIRECT : « le pain *que* nous mangeons est excellent; ce *que* vous dites. »

Quoi est neutre et du singulier, et s'emploie toujours comme COMPLÉMENT INDIRECT : « ce à *quoi* vous m'obligez. »

106. Le pronom *qui, que, quoi,* s'emploie souvent *interrogativement.*

EMPLOI INTERROGATIF DU PRONOM *Qui*

107. *Qui* INTERROGATIF ne se rapporte qu'à la troisième personne. Il s'emploie aux deux genres et aux deux nombres, ou plutôt il n'a, à proprement parler, ni genre ni nombre; car, lorsqu'on est enfermé chez soi, qu'on entend frapper à sa porte, et qu'on crie : « *qui* est là? » on ignore si l'on parle à un homme ou à une femme, à une personne ou à plusieurs, et c'est précisément ce que l'on demande.

Il est :

Ou SUJET : « *qui* entre? »

Ou COMPLÉMENT DIRECT : « *qui* demandez-vous? »

Ou COMPLÉMENT INDIRECT : « *de qui* parlez-vous ? »

Que INTERROGATIF ne s'emploie qu'au singulier neutre et comme COMPLÉMENT DIRECT : « *que* demandez-vous ? » c'est-à-dire : « *quelle chose* demandez-vous ? »

Quoi INTERROGATIF, toujours au singulier neutre, s'emploie non-seulement comme interrogation, mais encore comme exclamation, ou lorsqu'il y a quelque doute.

Il est :

Ou SUJET : « *quoi de* plus aimable que la vertu ? »

Ou COMPLÉMENT DIRECT : « je ne sais *quoi*; »

Ou COMPLÉMENT INDIRECT : « à *quoi* voulez-vous en venir ? de *quoi* parlez-vous ? »

108. FORMES DU PRONOM *Lequel.*

SINGULIER		PLURIEL	
Masculin.	Féminin.	Masculin.	Féminin.
Lequel	Laquelle	Lesquels	Lesquelles
Duquel		Desquels	Desquelles
Auquel		Auxquels	Auxquelles

Emploi du pronom relatif *Lequel.*

109. Ce pronom ne se rapporte qu'à la troisième personne. Il se compose de l'adjectif déterminatif *le, la, les,* suivi de l'adjectif interrogatif *quel* dont nous parlerons tout à l'heure.

110. Les formes *lequel, laquelle, lesquels, lesquelles,* sont peu usitées aujourd'hui. Elles peuvent être sujet ou complément direct : « c'est un effet de la divine Providence, *lequel* attire l'admiration; il n'acheta que des langues, *lesquelles* il fit accommoder. »

Les autres formes servent de complément indirect : « la terre est le fonds commun *duquel* l'homme et les animaux tirent leur subsistance. »

Le complément indirect du féminin singulier n'a pas de forme qui lui soit propre. On place devant *laquelle* les prépositions *à* ou *de,* qui restent à l'état de mot séparé : « une personne *à laquelle* je dois tout. »

111. On remplace souvent *de qui, de quoi, duquel, de laquelle, desquels, desquelles,* par le mot *dont* : « l'homme *dont* vous m'avez dit tant de bien ; les affaires *dont* vous m'avez parlé. »

Nous ne plaçons pas ce mot *dont* parmi les formes du PRONOM RELATIF, parce que c'est originairement un adverbe de lieu [1].

112. Actuellement le pronom *lequel, laquelle,* etc., s'emploie surtout *interrogativement.* Mais ses formes restent les mêmes.

NATURE DE L'ADJECTIF INTERROGATIF.

113. L'ADJECTIF INTERROGATIF se joint au nom pour lui communiquer un sens *interrogatif* ou *exclamatif* : « *quel* chemin dois-je prendre ? *quelle* existence vous menez ! » Dans le premier exemple, *quel* est purement interrogatif, car on demande en réalité quel est le chemin qu'on doit prendre ; dans le second, *quel* est exclamatif, car on

[1]. Voyez l'article ADVERBE, n° 193.

s'écrie ou *s'exclame,* tout en sachant quelle est l'existence dont il s'agit.

114. FORMES DE L'ADJECTIF INTERROGATIF.

SINGULIER		PLURIEL	
Masculin.	Féminin.	Masculin.	Féminin.
Quel	Quelle	Quels	Quelles

5° Pronom indéfini et Adjectif indéfini.

NATURE DE L'ADJECTIF INDÉFINI.

115. L'ADJECTIF INDÉFINI donne au nom une signification générale et *non définie :* « *plusieurs* personnes sont venues; *tout* homme est mortel. »

PRINCIPAUX ADJECTIFS INDÉFINIS.

116. *Certain, chaque, nul, plusieurs, quelconque, quelque, tel, tout,* etc., sont des ADJECTIFS INDÉFINIS.

117. *Un, une,* est ADJECTIF INDÉFINI, et non ADJECTIF NUMÉRAL CARDINAL, lorsqu'il sert à indiquer un être ou une chose qu'on connaît imparfaitement : « *un* homme est là. »

PRONOM INDÉFINI.

118. La plupart des ADJECTIFS INDÉFINIS peuvent être employés seuls et deviennent alors des PRONOMS INDÉFINIS : « *nul* n'est prophète en son pays. » *Nul* signifie ici « *nul* homme. »

119. Les ADJECTIFS INDÉFINIS *chaque* et *quelque*, combinés avec l'ADJECTIF INDÉFINI *un*, donnent les PRONOMS INDÉFINIS *chacun*, *quelqu'un*.

VERBE.

NATURE DU VERBE.

120. Le VERBE est le mot le plus important et le plus nécessaire. Il sert à exprimer :

L'existence : « Dieu dit : Que la lumière *soit*; et la lumière *fut*; »

L'affirmation : « le mensonge *est* un vice; »

L'état, la situation : « *je vis; il dort*; »

L'action : « *je frappe.* »

RADICAL ET TERMINAISON.

121. On distingue dans tout verbe deux parties : le RADICAL et la TERMINAISON : FRAPP *e*, FRAPP *ons*; FIN *ir*, FIN *is*.

122. Le RADICAL, qui est la première portion du mot : FRAPP, FIN, en indique le sens général et par conséquent ne varie pas :

FRAPP exprime l'idée de *choc*, FIN celle de *fin*, d'achèvement.

123. La TERMINAISON au contraire, *e, ons, ir, is,* etc., indique les PERSONNES, les NOMBRES, les TEMPS et les MODES, et par conséquent varie.

PERSONNES.

124. Le verbe a trois PERSONNES, comme le pronom personnel :

PREMIÈRE PERSONNE : singulier, *je fin* IS ; pluriel, *nous finiss* ONS ;

SECONDE PERSONNE : singulier, *tu fin* IS ; pluriel, *vous finiss* EZ ;

TROISIÈME PERSONNE : singulier, *il* ou *elle fin* IT ; pluriel, *ils* ou *elles finiss* ENT.

125. Ces PERSONNES sont indiquées :

1° Par le changement de TERMINAISON ;

2° Par les PRONOMS PERSONNELS qui servent de sujet au verbe.

126. Le pronom personnel se joint si étroitement au verbe, qu'on reconnaît qu'un mot est un verbe quand on peut y joindre ce pronom. *Marcher* est un verbe,

puisqu'on peut dire : « *je* marche, *tu* marchais, *nous* marcherons, etc. »

NOMBRE.

127. Le verbe a deux nombres : le SINGULIER et le PLURIEL. Ils sont exprimés, de même que les personnes, par la TERMINAISON et le PRONOM : *je frappais, nous frappions.*

ACCORD DU VERBE EN NOMBRE ET EN PERSONNE.

128. Tout verbe est de la même personne et du même nombre que son sujet. Dans *je finis, finis* est de la première personne et du singulier, parce que *je,* son sujet, est de la première personne et du singulier. A la troisième personne, le sujet du verbe n'est pas toujours un pronom ; c'est souvent un nom : « il *chante,* elle *chante,* Pierre *chante,* l'oiseau *chante.* »

D'ordinaire, le sujet se place avant le verbe : « *tu* frappes ; » mais, lorsqu'on interroge, il se place après le verbe : « frappes-*tu* ? »

Quelquefois le verbe a deux sujets sin-
guliers ; dans ce cas, on met le verbe au
pluriel : « mon frère et ma sœur *lisent.* »

TEMPS.

129. Il y a trois temps naturels :

Le PASSÉ, qui marque que l'action a été
faite : *j'ai frappé ;*

Le PRÉSENT, qui marque que l'action se
fait : *je frappe ;*

Le FUTUR, qui marque que l'action se
fera : *je frapperai.*

130. En laissant de côté le pronom, on
trouve que les temps des verbes ont ou un
seul mot : *frappe, frapperai ;* ou plusieurs
mots : *ai frappé, aurai frappé.* Les temps d'un
seul mot se nomment TEMPS SIMPLES; les
temps de plusieurs mots se nomment TEMPS
COMPOSÉS ou plutôt LOCUTIONS VERBALES.

PRÉSENT.

131. Il ne peut y avoir qu'UN SEUL PRÉ-
SENT, puisque ce temps exprime le moment
même où l'on parle : *je frappe.*

Le PRÉSENT est un temps simple.

PASSÉS ET FUTURS.

132. Il y a PLUSIEURS PASSÉS et PLUSIEURS FUTURS, car il est souvent nécessaire de distinguer, dans le passé ou dans l'avenir, des instants différents, des époques antérieures les unes aux autres.

133. Il y a CINQ PASSÉS :

Deux sont des TEMPS SIMPLES :

IMPARFAIT, *je lisais;*

PARFAIT DÉFINI, *je lus;*

Trois sont des LOCUTIONS VERBALES :

PARFAIT INDÉFINI, *j'ai lu;*

PLUS-QUE-PARFAIT, *j'avais lu;*

PARFAIT ANTÉRIEUR, *j'eus lu.*

134. Il y a DEUX FUTURS :

L'un est un TEMPS SIMPLE :

FUTUR, *je lirai;*

L'autre est une LOCUTION VERBALE :

FUTUR ANTÉRIEUR, *j'aurai lu.*

MODES.

135. Le mot *mode*, en grammaire, veut dire façon, manière de signifier.

Les MODES se divisent en :

MODES IMPERSONNELS, dans lesquels la personne n'est pas indiquée ;

MODES PERSONNELS, dans lesquels la personne est indiquée.

MODES IMPERSONNELS.

136. Il y a deux MODES IMPERSONNELS :

L'INFINITIF, qui exprime l'action ou l'état en général : *frapper* ;

Le PARTICIPE, qui tient, qui *participe* du verbe et de l'adjectif : *frappé, frappant.*

MODES PERSONNELS.

137. Il y a quatre MODES PERSONNELS :

1° L'INDICATIF, qui affirme simplement le fait : *je frappe* ;

2° L'IMPÉRATIF, qui ordonne, qui commande : *frappe* ;

3° Le SUBJONCTIF, qui dépend d'ordinaire d'un verbe et qui est précédé de la conjonction *que* : « je défends *que tu frappes* ; il ne fallait pas *qu'il frappât.* » Parfois aussi il s'emploie seul, pour exprimer ou un souhait, ou une action conditionnelle : « *sois-je* du ciel écrasé si je mens! *vive* la France ! *vivent* les gens de bien! Dieu *protége* la France ! me *frappât-il*, je ne dirais point ce que j'ai promis de taire ; »

4° Le CONDITIONNEL, qui indique qu'une chose aurait lieu ou aurait eu lieu sous une certaine condition : *je frapperais, j'aurais frappé*.

MODÈLES DES VERBES.

1° *Conjugaison des temps simples.*

138. CONJUGUER un verbe, c'est ajouter successivement à son *radical* les différentes *terminaisons* qu'il est susceptible de recevoir.

139. Il y a, pour les *temps simples*, QUATRE CONJUGAISONS, que l'on distingue par la terminaison de l'infinitif :

PREMIÈRE CONJUGAISON, en *er :* FRAPP *er,*
SECONDE CONJUGAISON, en *ir :* FIN *ir,*
TROISIÈME CONJUGAISON, en *oir :* RECEV *oir,*
QUATRIÈME CONJUGAISON, en *re :* REND *re.*

140. Première conjugaison, en *er*.

Modes impersonnels.

INFINITIF : Frapp *er*.
PARTICIPE : présent, Frapp *ant* ; passé, Frapp *é*.

Modes personnels.

PRÉSENT.

INDICATIF.		IMPÉRATIF.	SUBJONCTIF [1].	
Je	frapp *e.*		Je	frapp *e.*
Tu	frapp *es.*	Frapp *e.*	Tu	frapp *es.*
Il	frapp *e.*		Il	frapp *e.*
Nous	frapp *ons.*	Frapp *ons*	Nous	frapp *ions.*
Vous	frapp *ez.*	Frapp *ez.*	Vous	frapp *iez.*
Ils	frapp *ent.*		Ils	frapp *ent.*

PASSÉ.

INDICATIF.   SUBJONCTIF.

Imparfait.		Parfait défini.		Imparfait.	
Je	frapp *ais.*	Je	frapp *ai,*	Je	frapp *asse.*
Tu	frapp *ais.*	Tu	frapp *as.*	Tu	frapp *asses.*
Il	frapp *ait.*	Il	frapp *a.*	Il	frapp *ât.*
Nous	frapp *ions.*	Nous	frapp *âmes.*	Nous	frapp *assions.*
Vous	frapp *iez.*	Vous	frapp *âtes.*	Vous	frapp *assiez.*
Ils	frapp *aient.*	Ils	frapp *èrent.*	Ils	frapp *assent.*

FUTUR.

INDICATIF.		CONDITIONNEL.	
Je	frapp *erai.*	Je	frapp *erais.*
Tu	frapp *eras.*	Tu	frapp *erais.*
Il	frapp *era.*	Il	frapp *erait.*
Nous	frapp *erons.*	Nous	frapp *erions.*
Vous	frapp *erez.*	Vous	frapp *eriez.*
Ils	frapp *eront.*	Ils	frapp *eraient.*

1. Le *subjonctif* est précédé de *que* lorsqu'il dépend d'un verbe. Voyez n° 137.

141. SECONDE CONJUGAISON, en *ir*.

Modes impersonnels.

INFINITIF : Fin *ir*.

PARTICIPE : présent, Fin iss *ant*; passé, Fin *i*.

Modes personnels.

PRÉSENT.

INDICATIF.	IMPÉRATIF.	SUBJONCTIF.
Je fin *is*.		Je fin iss *e*.
Tu fin *is*.	Fin *is*.	Tu fin iss *es*
Il fin *it*.		Il fin iss *e*.
Nous fin iss *ons*	Fin iss *ons*.	Nous fin iss *ions*
Vous fin iss *ez*.	Fin iss *ez*.	Vous fin iss *iez*.
Ils fin iss *ent*.		Ils fin iss *ent*.

PASSÉ.

INDICATIF.

Imparfait.	*Parfait défini.*	SUBJONCTIF. *Imparfait.*
Je fin iss *ais*.	Je fin *is*.	Je fin *isse*.
Tu fin iss *ais*.	Tu fin *is*.	Tu fin *isses*.
Il fin iss *ait*.	Il fin *it*.	Il fin *ît*.
Nous fin iss *ions*.	Nous fin *îmes*.	Nous fin *issions*.
Vous fin iss *iez*.	Vous fin *îtes*.	Vous fin *issiez*.
Ils fin iss *aient*.	Ils fin *irent*.	Ils fin *issent*.

FUTUR.

INDICATIF.	CONDITIONNEL.
Je fin *irai*.	Je fin *irais*.
Tu fin *iras*.	Tu fin *irais*.
Il fin *ira*.	Il fin *irait*.
Nous fin *irons*.	Nous fin *irions*.
Vous fin *irez*.	Vous fin *iriez*.
Ils fin *iront*.	Ils fin *iraient*

142. TROISIÈME CONJUGAISON, en *oir*.

Modes impersonnels.

INFINITIF : Rec ev *oir*.

PARTICIPE : présent, Rec ev *ant* ; passé, Reç *u*.

Modes personnels.

PRÉSENT.

INDICATIF.	IMPÉRATIF.	SUBJONCTIF.
Je reç *ois*.		Je reç oiv *e*.
Tu reç *ois*.	Reç *ois*.	Tu reç oiv *es*.
Il reç *oit*.		Il reç oiv *e*.
Nous rec ev *ons*.	Rec ev *ons*.	Nous rec ev *ions*.
Vous rec ev *ez*.	Rec ev *ez*.	Vous rec ev *iez*.
Ils reç oiv *ent*.		Ils reç oiv *ent*.

PASSÉ.

INDICATIF.		SUBJONCTIF.
Imparfait.	*Parfait défini.*	*Imparfait.*
Je rec ev *ais*.	Je reç *us*.	Je reç *usse*.
Tu rec ev *ais*.	Tu reç *us*.	Tu reç *usses*.
Il rec ev *ait*.	Il reç *ut*.	Il reç *ût*.
Nous rec ev *ions*.	Nous reç *ûmes*.	Nous reç *ussions*.
Vous rec ev *iez*.	Vous reç *ûtes*.	Vous reç *ussiez*.
Ils rec ev *aient*.	Ils reç *urent*.	Ils reç *ussent*.

FUTUR.

INDICATIF.	CONDITIONNEL.
Je rec ev *rai*.	Je rec ev *rais*.
Tu rec ev *ras*.	Tu rec ev *rais*.
Il rec ev *ra*.	Il rec ev *rait*.
Nous rec ev *rons*.	Nous rec ev *rions*.
Vous rec ev *rez*.	Vous rec ev *riez*.
Ils rec ev *ront*.	Ils rec ev *raient*.

143. QUATRIÈME CONJUGAISON, en *re*.

Modes impersonnels.

INFINITIF : Rend *re*.

PARTICIPE : présent, Rend *ant*; passé, Rend *u*.

Modes personnels.

PRÉSENT.

INDICATIF.			IMPÉRATIF.		SUBJONCTIF.		
Je	rend	*s*.			Je	rend	*e*.
Tu	rend	*s*.	Rend	*s*.	Tu	rend	*es*.
Il	rend				Il	rend	*e*.
Nous	rend	*ons*.	Rend	*ons*.	Nous	rend	*ions*.
Vous	rend	*ez*.	Rend	*ez*.	Vous	rend	*iez*.
Ils	rend	*ent*.			Ils	rend	*ent*.

PASSÉ.

INDICATIF.						SUBJONCTIF.		
Imparfait.			*Parfait défini.*			*Imparfait.*		
Je	rend	*ais*.	Je	rend	*is*.	Je	rend	*isse*.
Tu	rend	*ais*.	Tu	rend	*is*.	Tu	rend	*isses*.
Il	rend	*ait*.	Il	rend	*it*.	Il	rend	*it*.
Nous	rend	*ions*.	Nous	rend	*îmes*.	Nous	rend	*issions*.
Vous	rend	*iez*.	Vous	rend	*îtes*.	Vous	rend	*issiez*.
Ils	rend	*aient*.	Ils	rend	*irent*.	Ils	rend	*issent*.

FUTUR.

INDICATIF.			CONDITIONNEL.		
Je	rend	*rai*.	Je	rend	*rais*.
Tu	rend	*ras*.	Tu	rend	*rais*.
Il	rend	*ra*.	Il	rend	*rait*.
Nous	rend	*rons*.	Nous	rend	*rions*.
Vous	rend	*rez*.	Vous	rend	*riez*.
Ils	rend	*ront*.	Ils	rend	*raient*.

Observations sur les quatre conjugaisons
précédentes.

144. Dans les modèles de la SECONDE et de la TROISIÈME CONJUGAISONS, le RADICAL est allongé à certains temps ou à certaines personnes :

1º AU PARTICIPE PRÉSENT : *fin* ISS *ant,* *rec* EV *ant;*

2ºAux trois personnes du pluriel du PRÉSENT DE L'INDICATIF : *fin* ISS *ons, rec* EV *ons,* etc.;

3º Aux deux personnes du pluriel DE L'IMPÉRATIF : *fin* ISS *ons, rec* EV *ons,* etc.;

4º AU PRÉSENT DU SUBJONCTIF : *fin* ISS *e,* *rec* OIV *e,* etc. ;

5º A l'IMPARFAIT DE L'INDICATIF : *fin* ISS *ais, rec* EV *ais,* etc.

6º Le radical est encore allongé, dans le modèle de la TROISIÈME CONJUGAISON, à l'INFINITIF : *rec* EV *oir,* et au FUTUR : *rec* EV *rai,* *rec* EV *rais.*

L'allongement du radical dans le modèle de la TROISIÈME CONJUGAISON est tantôt OIV

et tantôt EV : OIV devant un *e* muet,
reç OIV *e*; EV partout ailleurs, *rec* EV *ons,*
rec EV *ez, rec* EV *rai,* etc.

Rapports et ressemblances des temps.

145. 1º L'INFINITIF forme deux temps :
Le FUTUR DE L'INDICATIF, par l'addition
de *ai* : *frapper, frapper* AI; *finir, finir* AI;

Le FUTUR DU CONDITIONNEL, par l'addition de *ais* : *frapper, frapper* AIS; *finir,*
finir AIS [1].

Dans l'infinitif de la troisième conjugaison, *recevoir,* on supprime OI : *recevrai,*
recevrais, au lieu de *je recev* OI *rai, je rec-*
ev OI *rais;* dans l'infinitif de la quatrième
conjugaison, *rendre,* on retranche l'*e* final :
rendrai, rendrais, au lieu de *rendr* E *ai,*
rendr E *ais.*

Quand un verbe n'a pas de FUTUR DE
L'INDICATIF, il n'a pas de FUTUR DU CONDI-
TIONNEL.

1. Nous expliquerons dans notre *Grammaire his-*
torique le mécanisme de cette formation déjà indiquée dans le premier volume de ce Cours : *De l'En-*
seignement de notre langue, pages 76 et 77.

2° Le PARTICIPE PRÉSENT conserve la terminaison *ant* dans toutes les conjugaisons : *frapp* ANT, *finiss* ANT, *recev* ANT, *rend* ANT.

3° L'IMPÉRATIF n'est autre chose que le PRÉSENT DE L'INDICATIF dépouillé de ses pronoms. Dans la PREMIÈRE CONJUGAISON seulement, on retranche l'*s* finale à la seconde personne.

La première personne de ce mode ne s'emploie jamais, parce qu'on ne se parle pas à soi-même pour s'ordonner quelque chose. Les troisièmes personnes manquent aussi ; elles sont remplacées dans l'usage par celles du subjonctif.

4° Au PRÉSENT DU SUBJONCTIF, dans les quatre conjugaisons, la première et la seconde personne du pluriel ont, au commencement de la terminaison, un *i* de plus qu'aux personnes correspondantes du PRÉSENT DE L'INDICATIF ; elles sont, par conséquent, entièrement semblables à celles de l'IMPARFAIT DE L'INDICATIF.

<table>
<tr><td>PRÉSENT
DE
L'INDICATIF.</td><td>PRÉSENT DU SUBJONCTIF
ET
IMPARFAIT DE L'INDICATIF.</td></tr>
<tr><td>*Nous frapp* ONS
Vous frapp EZ</td><td>*Nous frapp* IONS
Vous frapp IEZ</td></tr>
</table>

Dans toutes les conjugaisons, la troisième personne du pluriel du PRÉSENT DU SUBJONCTIF est terminée en *ent* comme celle du PRÉSENT DE L'INDICATIF : *frapp* ENT, *finiss* ENT, *reçoiv* ENT, *rend* ENT.

Enfin, pour ces deux temps, PRÉSENT DU SUBJONCTIF et PRÉSENT DE L'INDICATIF, les trois personnes du singulier sont les mêmes, dans la première conjugaison : *frappe, frappes, frappe.*

5º L'IMPARFAIT DU SUBJONCTIF, à la seconde personne du singulier, ne diffère du PARFAIT DÉFINI, dans toutes les conjugaisons, que par l'addition de la syllabe *ses* :

<table>
<tr><td>PARFAIT
DÉFINI.</td><td>IMPARFAIT
DU SUBJONCTIF.</td></tr>
<tr><td>Tu frappas</td><td>Tu frappas *ses*</td></tr>
<tr><td>Tu finis</td><td>Tu finis *ses*</td></tr>
<tr><td>Tu reçus</td><td>Tu reçus *ses*</td></tr>
<tr><td>Tu rendis</td><td>Tu rendis *ses*</td></tr>
</table>

Quand un verbe n'a pas de PARFAIT DÉFINI, il n'a pas d'IMPARFAIT DU SUBJONCTIF.

MANIÈRE DE CONJUGUER UN VERBE SUR L'UN DES QUATRE MODÈLES PRÉCÉDENTS.

146. Pour conjuguer un verbe sur l'un des quatre modèles précédents, il suffit de remplacer le RADICAL du verbe qui sert de modèle par le RADICAL du verbe qu'on veut conjuguer. Par exemple, pour conjuguer *chanter*, on substitue *chant* à *frapp*, et l'on ajoute successivement à ce nouveau radical toutes les terminaisons contenues dans le modèle de la PREMIÈRE CONJUGAISON (n° 140).

VERBES RÉGULIERS, VERBES IRRÉGULIERS.

147. Les verbes qui se conjuguent exactement sur l'un des modèles que nous avons donnés sont appelés RÉGULIERS, comme le sont les verbes mêmes des modèles ; ceux qui s'en écartent sont dits IRRÉGULIERS [1].

1. On trouvera, dans l'*Appendice*, à la fin de cette grammaire, des listes de ces verbes.

2° *Formation des temps composés ou locutions verbales.*

148. Nous avons vu (n° 130) qu'il y a des TEMPS COMPOSÉS OU LOCUTIONS VERBALES qui servent à indiquer les diverses époques que les TEMPS SIMPLES ne peuvent suffire à exprimer. Mais, tandis que les TEMPS SIMPLES ont quatre conjugaisons différentes, ces LOCUTIONS VERBALES se forment d'une seule manière, en ajoutant le PARTICIPE PASSÉ des divers verbes aux TEMPS SIMPLES du verbe *avoir*.

Nous allons donc donner les TEMPS SIMPLES et les LOCUTIONS VERBALES d'*avoir*, qui est un verbe *irrégulier*.

149. *Formes du verbe* AVOIR.

1° TEMPS SIMPLES.

Modes impersonnels.

INFINITIF : Avoir.

PARTICIPE : présent, Ayant ; passé, Eu.

Modes personnels.

PRÉSENT.

INDICATIF.	IMPÉRATIF.	SUBJONCTIF.
J'ai.		J'aie.
Tu as.	Aie.	Tu aies.
Il a.		Il ait.
Nous avons.	Ayons.	Nous ayons.
Vous avez.	Ayez.	Vous ayez.
Ils ont.		Ils aient.

PASSÉ.

	INDICATIF.	SUBJONCTIF.
Imparfait.	*Parfait défini.*	*Imparfait.*
J'avais.	J'eus.	J'eusse.
Tu avais.	Tu eus.	Tu eusses.
Il avait.	Il eut.	Il eût.
Nous avions.	Nous eûmes.	Nous eussions.
Vous aviez.	Vous eûtes.	Vous eussiez.
Ils avaient.	Ils eurent	Ils eussent.

FUTUR.

INDICATIF.	CONDITIONNEL.
J'aurai.	J'aurais.
Tu auras.	Tu aurais.
Il aura.	Il aurait.
Nous aurons.	Nous aurions.
Vous aurez.	Vous auriez.
Ils auront.	Ils auraient.

Formes du verbe AVOIR.

2° LOCUTIONS VERBALES OU TEMPS COMPOSÉS.

Modes impersonnels.

INFINITIF passé : Avoir eu.
PARTICIPE passé : Ayant eu.

Modes personnels.

PASSÉ.

INDICATIF.	IMPÉRATIF.	SUBJONCTIF.
	Parfait indéfini.	
J'ai eu, etc.	Aie eu, etc.	J'aie eu, etc.

INDICATIF.		SUBJONCTIF.
Plus-que-parfait.	*Parfait antérieur.*	*Plus-que-parfait.*
J'avais eu, etc.	J'eus eu, etc.	J'eusse eu, etc.

FUTUR ANTÉRIEUR.	PASSÉ DU CONDITIONNEL.
J'aurai eu, etc.	J'aurais eu, etc.

Observations sur les locutions verbales.

150. En comparant ce dernier tableau des LOCUTIONS VERBALES à celui des TEMPS SIMPLES qui le précède, on voit que toutes les LOCUTIONS VERBALES ne sont autre chose que les TEMPS SIMPLES auxquels on a ajouté le PARTICIPE PASSÉ *eu*. Ainsi :

L'INFINITIF SIMPLE forme l'INFINITIF PASSÉ;

Le PARTICIPE PRÉSENT forme le PARTICIPE PASSÉ;

Le PRÉSENT de l'*indicatif*, celui de l'*impératif* et celui du *subjonctif* forment chacun le PARFAIT INDÉFINI des mêmes modes;

L'IMPARFAIT de l'*indicatif* et celui du *subjonctif* forment chacun le PLUS-QUE-PARFAIT des mêmes modes;

Le PARFAIT DÉFINI forme le PARFAIT ANTÉRIEUR;

Le FUTUR DE L'INDICATIF forme le FUTUR ANTÉRIEUR;

Le FUTUR DU CONDITIONNEL forme le PASSÉ DU CONDITIONNEL.

151. Ces LOCUTIONS VERBALES, et celles de tous les autres verbes, expriment toutes des temps passés, au moins relativement aux temps simples. Le FUTUR ANTÉRIEUR, *j'aurai eu*, semble faire exception, puisqu'il indique un temps qui n'est pas encore arrivé; mais ce temps sera *passé* à l'époque qu'on prévoit.

152. Pour former les LOCUTIONS VERBALES d'un autre verbe que le verbe *avoir*, il suffit de mettre à la place du participe passé *eu* le participe passé de cet autre verbe. Par exemple, au lieu de : « *j'ai* EU, » on dit : « *j'ai* FRAPPÉ, *j'ai* FINI, *j'ai* REÇU, *j'ai* RENDU, etc. [1] »

153. Outre les LOCUTIONS VERBALES composées à l'aide du verbe *avoir* et d'un participe passé, il y en a d'autres qui sont formées des verbes *devoir, aller, venir de*, suivis, non d'un participe passé, mais d'un infinitif. *Devoir* et *aller* servent à exprimer des espèces de *futurs* ou de *conditionnels* : « DEVANT *partir* bientôt, j'ai avancé l'heure de mon dîner ; j'ALLAIS *sortir* lorsque vous êtes entré. » *Venir de* indique une action

1. On pourrait former encore toute une série de LOCUTIONS VERBALES, en ajoutant le participe du verbe, non plus aux TEMPS SIMPLES, mais aux TEMPS COMPOSÉS du verbe *avoir*; en disant par exemple : *j'ai eu* FRAPPÉ, etc.; mais, à l'exception de ce premier temps, lui-même fort peu usité, que certains grammairiens appellent *parfait antérieur surcomposé*, ces LOCUTIONS VERBALES n'ont pas même reçu de nom.

accomplie depuis peu de temps : « JE VIENS DE rentrer. »

DIFFÉRENTES ESPÈCES DE VERBES.

154. Il y a DEUX ESPÈCES DE VERBES :
Le VERBE SUBSTANTIF *être;*
Le VERBE ADJECTIF.

1° *Verbe substantif* ÊTRE.

155. Employé seul, le VERBE SUBSTANTIF *être* marque simplement l'existence : « Dieu dit : Que la lumière *soit;* et la lumière *fut.* — Je pense; donc *je suis.* »

Placé entre un nom et un adjectif, il sert à affirmer que l'idée exprimée par l'adjectif convient au nom : « Louis *est* bon. »

Il sert aussi à former les locutions verbales de certains verbes neutres : « *je suis* arrivé [1]. »

1 Voyez nᵒˢ 172 et 173

156. FORMES DU VERBE *Être.*

Modes impersonnels.

INFINITIF : Être.

PARTICIPE : présent, Étant ; passé, Été.

Modes personnels.

PRÉSENT.

INDICATIF.	IMPÉRATIF.	SUBJONCTIF.
Je suis,		Je sois.
Tu es.	Sois.	Tu sois.
Il est.		Il soit.
Nous sommes.	Soyons.	Nous soyons.
Vous êtes.	Soyez.	Vous soyez.
Ils sont.		Ils soient.

PASSÉ.

INDICATIF.		SUBJONCTIF.
Imparfait.	*Parfait défini.*	*Imparfait.*
J'étais.	Je fus.	Je fusse.
Tu étais.	Tu fus.	Tu fusses
Il était.	Il fut.	Il fût.
Nous étions.	Nous fûmes.	Nous fussions.
Vous étiez.	Vous fûtes.	Vous fussiez.
Ils étaient.	Ils furent.	Ils fussent.

FUTUR.

INDICATIF.	CONDITIONNEL.
Je serai.	Je serais.
Tu seras.	Tu serais.
Il sera.	Il serait.
Nous serons.	Nous serions.
Vous serez.	Vous seriez.
Ils seront.	Ils seraient.

157. LES LOCUTIONS VERBALES du verbe *être* se forment sur le modèle du verbe *avoir,* comme celles de tous les autres verbes, en mettant le participe *été* à la place du participe *eu* : *j'ai été, j'avais été,* etc.

2° *Verbe adjectif.*

158. Le VERBE ADJECTIF est ainsi nommé parce qu'il *ajoute* à l'affirmation ce qu'on attribue au sujet. Ainsi, « Charles *frappe* » équivaut à « Charles *est frappant.* »

DIFFÉRENTES ESPÈCES DE VERBES ADJECTIFS.

159. Le VERBE ADJECTIF se subdivise en quatre classes :

VERBE ACTIF ;

VERBE NEUTRE ;

VERBE RÉFLÉCHI OU PRONOMINAL ;

VERBE IMPERSONNEL.

1° *Verbe actif.*

NATURE DU VERBE ACTIF.

160. Le VERBE ACTIF exprime une *action* faite par le sujet ; il est ordinairement accompagné d'un COMPLÉMENT DIRECT : « Pierre *bat* Paul. » *Bat* est un verbe actif, parce qu'il a un sujet, *Pierre*, qui fait l'action, et un complément direct, *Paul.*

FORMES DU VERBE ACTIF.

161. TOUT VERBE ACTIF RÉGULIER se conjugue, pour ses temps simples, d'après la terminaison de son infinitif, conformément à l'un des quatre modèles que nous avons donnés.

162. Le VERBE ACTIF forme toujours ses LOCUTIONS VERBALES à l'aide du verbe *avoir : j'ai frappé, tu eus fini, il aura reçu, nous aurons rendu* [1].

COMPLÉMENT DIRECT.

163. Quand le COMPLÉMENT DIRECT est un *nom,* il se place après le verbe : « je lis un *livre*; j'ai fait une promenade. » Cependant, lorsque la phrase est interrogative ou exclamative, le nom servant de complément se place avant le verbe : « quel *livre* lisez-vous ? que de *services* il a rendus à sa patrie ! »

1. Voyez n° 152.

164. Quand le COMPLÉMENT DIRECT est un pronom, il se place d'ordinaire avant le verbe : « je *vous* crois; il *me* plaint. »

PARTICIPE.

165. Dans nos modèles de conjugaison, nous avons joint le PARTICIPE PASSÉ aux temps simples du verbe actif, parce qu'il sert à composer, à l'aide du verbe *avoir*, des locutions verbales actives, telles que : *j'ai frappé, ayant frappé*, etc. Mais, employé seul ou accompagné du verbe *être*, le PARTICIPE PASSÉ a un sens PASSIF tout opposé à celui du PARTICIPE PRÉSENT OU PARTICIPE ACTIF.

Le PARTICIPE PRÉSENT OU ACTIF présente le sujet comme agissant, comme faisant une action : « Pierre *battant* Paul. »

Le PARTICIPE PASSÉ OU PASSIF présente au contraire le sujet comme souffrant, comme subissant une action : « Paul *battu* par Pierre. »

166. Seul ou accompagné du verbe *être*, le PARTICIPE PASSIF s'accorde en genre et en

nombre avec le nom auquel il se rapporte : « la somme *reçue;* les travaux sont *achevés.* »

167. Le PARTICIPE PASSIF n'a point de complément direct. Son COMPLÉMENT INDIRECT, précédé des prépositions *de* ou *par,* le suit généralement : « l'enfant docile, *aimé de* tous, sera *récompensé par* ses maîtres. »

168. Dans les *locutions verbales,* le PARTICIPE PASSÉ du verbe s'accorde avec le COMPLÉMENT DIRECT s'il en est précédé, et reste invariable s'il en est suivi. Ainsi on dira, en accordant le participe : « les lettres *que* j'ai *reçues* de mes parents m'ont fait grand plaisir, » parce que le mot *reçues* a pour COMPLÉMENT DIRECT le pronom *que* représentant *lettres* et parce que ce pronom précède le participe; mais l'on dira, sans accord : « vous m'avez *écrit* des *lettres* fort intéressantes, » parce que le COMPLÉMENT DIRECT *lettres* est après le participe *écrit.*

2° *Verbe neutre.*

NATURE DU VERBE NEUTRE.

169. Le VERBE NEUTRE, ainsi appelé parce qu'il n'est ni actif ni passif, exprime l'état ou l'action du sujet, sans jamais pouvoir prendre de COMPLÉMENT DIRECT : « l'enfant *marche* ; le chat *dort.* »

170. On reconnaît qu'un verbe est NEUTRE quand on ne peut pas mettre après ce verbe les mots *quelqu'un* ou *quelque chose,* c'est-à-dire un COMPLÉMENT DIRECT.

FORMES DU VERBE NEUTRE.

171. Tout VERBE NEUTRE RÉGULIER se conjugue, suivant la terminaison de son infinitif, sur un de nos modèles de conjugaisons.

172. La plupart des VERBES NEUTRES forment leurs locutions verbales avec *avoir :* *j'ai marché, vous aurez dormi.*

Cependant certains VERBES NEUTRES les forment avec *être :* *j'étais arrivé, je suis venu,* etc.

Quelques-uns même les forment tantôt avec *être* et tantôt avec *avoir* : « cette petite fille *a* beaucoup *grandi* l'année dernière ; elle *est* bien *grandie*. »

Nous allons donner, comme exemple des LOCUTIONS VERBALES d'un verbe neutre, celles du verbe *arriver*. Pour avoir celles de tout autre verbe neutre accompagné du verbe *être*, il suffit de remplacer le participe *arrivé* par le participe passé de cet autre verbe.

173. LOCUTIONS VERBALES DU VERBE NEUTRE FORMÉES AVEC *Être*.

Modes impersonnels.

INFINITIF passé : Être arrivé.
PARTICIPE passé : Étant arrivé.

Modes personnels.

PASSÉ.

INDICATIF.	IMPÉRATIF.	SUBJONCTIF.
	Parfait indéfini.	
Je suis arrivé, etc.	Sois arrivé, etc.	Je sois arrivé, etc.

INDICATIF.		SUBJONCTIF.
Plus-que-parfait.	*Parfait antérieur.*	*Plus-que-parfait.*
J'étais arrivé, etc.	Je fus arrivé, etc.	Je fusse arrivé, etc.

FUTUR ANTÉRIEUR.	PASSÉ DU CONDITIONNEL.
Je serai arrivé, etc.	Je serais arrivé, etc.

174. Il faut se garder de confondre ces locutions verbales des verbes neutres, composées à l'aide du verbe *être*, avec les locutions verbales où ce même verbe *être* est joint à un *participe passif*. Dans « *je suis arrivé* la semaine dernière, » *je suis arrivé* est un parfait défini et, par conséquent, un passé ; dans « je suis frappé, » *suis* n'est autre chose que la première personne du présent de l'indicatif du verbe *être* unissant le sujet *je* au participe passif *frappé*.

ACCORD DU PARTICIPE PASSÉ
DANS LE VERBE NEUTRE

175. Quand le PARTICIPE PASSÉ d'un verbe neutre est accompagné du verbe *être*, il s'accorde toujours avec son sujet ; quand il est accompagné du verbe *avoir*, il ne s'accorde jamais avec son sujet. « mes filles *sont couchées;* elles *ont couché* hier à Rouen. »

3° *Verbe réfléchi* ou *pronominal*.

NATURE DU VERBE RÉFLÉCHI.

176. Le VERBE RÉFLÉCHI exprime une action qui se reporte, *se réfléchit* sur le sujet qui fait cette action.

Plusieurs grammairiens le nomment PRONOMINAL, parce qu'il se conjugue avec deux *pronoms* de la même personne, dont le premier est sujet et le second est complément : « *je me blesse; vous vous méprenez.* » A la troisième personne, c'est souvent un nom qui sert de sujet : « le chat *se blottit.* »

FORMES DU VERBE RÉFLÉCHI.

177. Le VERBE RÉFLÉCHI n'a pas de conjugaison qui lui soit particulière; il se conjugue comme le verbe du modèle auquel il appartient par la terminaison de son infinitif.

178. Le VERBE RÉFLÉCHI forme ses LOCUTIONS VERBALES à l'aide du verbe *être* : « *je me suis repenti ; nous nous serons souvenus.* »

ACCORD DU PARTICIPE PASSÉ DANS LE VERBE RÉFLÉCHI.

179. Le COMPLÉMENT des verbes réfléchis ou employés comme réfléchis est DIRECT ou INDIRECT. Quand il est DIRECT, le participe s'accorde : « elle *s'est repentie*; ils *se* sont *querellés*; » quand il est INDIRECT, le participe ne s'accorde pas : « nous *nous* sommes *nui*. »

4° *Verbe impersonnel.*

NATURE DU VERBE IMPERSONNEL.

180. Le VERBE IMPERSONNEL est ainsi appelé parce qu'il n'a pour sujet aucune des trois personnes grammaticales. En effet, dans « *il* tonne, » *il* ne représente ni « la personne dont on parle » ni une personne quelconque; c'est un pronom neutre, qui indique quelque chose d'indéfini, *d'impersonnel.*

181. Souvent des verbes actifs ou neutres s'emploient impersonnellement : « *il fait* beau; *il arrivera* beaucoup de monde. »

FORMES DU VERBE IMPERSONNEL.

182. Le VERBE IMPERSONNEL se conjugue comme le verbe du modèle auquel il appartient; mais il ne s'emploie qu'à la troisième personne du singulier de chaque temps : *il pleut; il tonnait ; il ventera.*

183. Le VERBE IMPERSONNEL forme ses LOCUTIONS VERBALES avec le verbe *avoir :* « il *a* plu; il *aura* tonné. » Les verbes actifs ou neutres employés impersonnellement conservent dans les locutions verbales celui des deux verbes, *avoir* ou *être*, qui les accompagne d'ordinaire : « il *a* fait beau; il *est* arrivé beaucoup de monde. »

ACCORD DU PARTICIPE PASSÉ DANS LE VERBE IMPERSONNEL.

184. Le PARTICIPE PASSÉ des verbes impersonnels ou employés impersonnellement s'accorde avec le pronom neutre *il,* et par conséquent reste toujours invariable : « il est *arrivé* des troupes; les chaleurs qu'il a *fait.* »

EMPLOI DU VERBE
COMME NOM, COMME ADJECTIF
ET COMME PRÉPOSITION.

185. Le VERBE peut avoir, à ses MODES IMPERSONNELS, plusieurs emplois particuliers :

1° A l'INFINITIF, il peut être employé comme NOM : « le *boire*, le *manger*, le *dormir*; »

2° Au PARTICIPE PRÉSENT et au PARTICIPE PASSÉ, il peut être employé :

Comme NOM : « l'*arrivant*, le *survenant*, le *vaincu*, le *blessé*; »

Comme ADJECTIF : « la femme *prévoyante*, les enfants *caressants*, l'homme *vaincu*, les bêtes *blessées*; »

Enfin comme PRÉPOSITION : « *durant* la guerre, *vu* votre belle conduite. »

MOTS INVARIABLES.

PRÉPOSITION.

Nature de la préposition.

186. La préposition sert à marquer un rapport entre deux mots ; elle n'a point par elle-même un sens complet. On l'appelle préposition parce qu'elle est placée, *posée avant* le mot qui en achève le sens et qu'on nomme complément de la préposition. Dans cette phrase : « le livre *de* Pierre, » la préposition *de* exprime qu'il y a un rapport, un lien, entre *livre* et *Pierre ;* mais c'est ce dernier mot : *Pierre,* qui indique la nature du rapport, et fait voir que le livre appartient à Pierre. *Pierre* est le complément de la préposition.

187. Une même préposition peut souvent exprimer divers rapports, tels que ceux de *lieu*, de *temps*, de *cause*, de *moyen*, etc. Dans : « la ferme est *avant* le château; vous y arriverez *avant* midi, » la préposition *avant* marque un rapport de *lieu* et un rapport de *temps*.

PRINCIPALES PRÉPOSITIONS.

188. Les PRINCIPALES PRÉPOSITIONS sont : *à, de, avec, sans, par, pour, avant, après, dès, autour, sur, sous, dans, en, hors,* etc.

189. Il y a un assez grand nombre d'*adjectifs* et de *participes* qui s'emploient comme PRÉPOSITIONS devant des *noms :* « *proche* le palais, *suivant* moi, *excepté* demain. »

LOCUTIONS PRÉPOSITIVES.

190. On appelle LOCUTION PRÉPOSITIVE tout assemblage de mots faisant fonction de PRÉPOSITION : *à travers, au-dessous de,* etc.

ADVERBE.

Nature de l'adverbe.

191. L'adverbe sert à modifier :

1º Un verbe, et c'est de là que lui vient son nom : « cet enfant parle *distinctement* ; »

2º Un adjectif : « Jean est *très*-malade ; »

3º Un autre adverbe : « nous avons passé la journée *fort* gaiement. »

192. Les adverbes sont employés très-diversement, sans former pour cela des classes distinctes. Ils servent surtout à exprimer :

La manière : *bien, mal, prudemment ;*

La comparaison : *plus, moins, aussi ;*

La quantité : *peu, assez, beaucoup, trop ;*

Le lieu : *ici, là, dessus, dessous, dedans, dehors, alentour ;*

Le temps : *jadis, hier, demain, tantôt ;*

L'affirmation : *oui, certes ;*

La négation : *ne, non, nullement.*

193. Le même adverbe peut servir tour à tour à divers usages.

Où est adverbe de *lieu :* « le jardin *où* nous sommes; » il n'a parfois avec le lieu qu'un rapport purement figuré : « la situation de fortune *où* vous vous trouvez; » enfin, il est adverbe de *temps :* « je serai à Paris au moment *où* vous y arriverez. »

En, qu'il faut se garder de confondre avec la préposition *en,* exprime l'endroit d'où l'on vient : « arrivez-vous du marché? — J'*en* sors, » c'est-à-dire, je sors de là. Lorsqu'il ne se rapporte pas directement au lieu, il équivaut à la préposition *de* suivie d'un pronom neutre : « j'*en* pleurerais, » c'est à-dire, « je pleurerais de cela. »

Dont exprime aussi originairement le lieu d'où l'on part :

Le Sénat n'épargnoit promesse, ny menace,
Et rappeloit par là son escadron mutin
Et du mont Quirinal, et du mont Aventin,
Dont il l'auroit veu faire une horrible descente,
S'il eust traitté long-temps sa fureur d'impuissante.

(CORNEILLE, *Nicomède.*)

Mais cet emploi, condamné par les grammairiens, est presque hors d'usage ; et *dont* n'est, le plus souvent, qu'une sorte de pronom relatif équivalant à *de qui, duquel, de laquelle :* « la personnne *dont* j'ai parlé, » c'est-à-dire « *de laquelle* j'ai parlé. »

Y exprime le lieu où l'on est et aussi le lieu où l'on va : « êtes-vous au jardin ? — J'*y* suis. Quand irez-vous à Lyon ? — J'*y* vais. » Quand il ne se rapporte pas directement au lieu, il équivaut à la préposition *à* suivie d'un pronom neutre : « j'*y* pense, » c'est-à-dire, je pense à cela.

194. On range à tort *pas* et *point* parmi les adverbes qui servent à exprimer la *négation.* Ces mots ne sont point des adverbes ; ce sont des noms qui désignent quelque chose de très-petit et qui servent, à cause de cela, de complément à la négation. « Il ne marche *pas* » signifie : il ne marche un *pas.* « Il ne bouge *point* » équivaut à : il ne bouge l'espace d'un *point.* De même, « ne voir *goutte* » signifie : ne voir une *goutte,* c'est-à-dire la plus petite chose.

ADVERBES TIRÉS DES ADJECTIFS.

195. La plupart des adverbes servant à exprimer la *manière* sont ou de purs adjectifs qualificatifs : « crier *fort,* chanter *juste,* voir *clair,* parler *net,* » ou des adjectifs transformés en adverbes par l'addition de la terminaison *ment : chaudement, prudemment, fortement, justement, clairement, nettement.*

ADVERBES COMPARATIFS ET LOCUTIONS ADVERBIALES COMPARATIVES ET SUPERLATIVES.

196. Deux adverbes expriment l'idée de comparaison à l'aide de formes particulières. Ils correspondent aux adjectifs comparatifs *pire* et *meilleur ;* ce sont :

1° *Pis,* comparatif de *mal :* « ils étaient *mal* ensemble ; ils sont *pis* que jamais[1] ; »

2° *Mieux,* comparatif de *bien :* « le ma-

1. On dit aussi, et peut-être même plus fréquemment : *plus mal.*

lade était *bien* hier; aujourd'hui il est encore *mieux*. »

197. On supplée au manque de formes comparatives et superlatives dans les adverbes, comme dans les adjectifs, par des LOCUTIONS COMPARATIVES et SUPERLATIVES formées à l'aide des adverbes *plus*, *aussi*, *moins*, *très*, *fort*, etc. : « *plus* beau, *très*-promptement, etc. » (Voyez nᵒˢ 54 et 56.)

198. Quand on compare deux choses, on trouve que l'une d'elles est supérieure, égale ou inférieure à l'autre. De là trois sortes de comparatifs :

1° Le COMPARATIF DE SUPÉRIORITÉ, dans lequel l'adjectif ou l'adverbe est précédé de *plus* : « la journée d'aujourd'hui est *plus* chaude que celle d'hier; tu t'es conduit *plus* courageusement que ton frère; »

2° Le COMPARATIF D'ÉGALITÉ, dans lequel l'adjectif ou l'adverbe est précédé d'*aussi* : « la journée d'aujourd'hui est *aussi* chaude que celle d'hier; tu t'es conduit *aussi* courageusement que ton frère; »

3° Le COMPARATIF D'INFÉRIORITÉ, dans

lequel l'adjectif ou l'adverbe est précédé de *moins* : « la journée d'aujourd'hui est *moins* chaude que celle d'hier ; tu t'es conduit *moins* courageusement que ton frère. »

On voit que, quel que soit le comparatif, l'adjectif ou l'adverbe est toujours suivi de *que*.

199. On distingue deux sortes de SUPERLATIFS :

1° Le SUPERLATIF RELATIF, particulier aux adjectifs ;

2° Le SUPERLATIF ABSOLU, commun aux adjectifs et aux adverbes.

200. Le SUPERLATIF RELATIF renferme une comparaison d'où il résulte que la qualité appartient dans *le plus haut* degré à l'objet dont on parle.

On exprime ce superlatif en mettant *le, la, les, mon, ton, son, notre, votre, leur,* devant le comparatif de supériorité ou d'infériorité : « *mon* plus grand chagrin ; *la* moins belle ville. »

201. Le SUPERLATIF ABSOLU exprime la qualité dans un *très-haut* degré, mais *absolument,* c'est-à-dire sans comparaison.

On exprime ce superlatif en mettant un des adverbes *très, bien, fort, extrêmement,* ou bien *le plus, le moins* (invariables), devant l'adjectif ou l'adverbe : « Paris est une *très*-belle ville; tu es logé *fort* grandement ; c'est au milieu des dangers que les hommes sont *le plus* braves; c'est dans les calamités publiques que les femmes se montrent *le plus* courageuses; c'est dans cette affaire qu'il a agi *le moins* sagement. »

ADVERBE EMPLOYÉ SUBSTANTIVEMENT.

202. L'ADVERBE s'emploie quelquefois substantivement : « *le peu* de nourriture que j'ai pris a suffi pour me faire mal; *le trop* en tout est nuisible. »

COMPLÉMENT DE L'ADVERBE.

203. La plupart des adverbes n'ont point de complément. Cependant :

1° LES ADVERBES DE QUANTITÉ sont souvent suivis d'un complément précédé de la préposition *de* : « *peu de* vin; *beaucoup d'intelligence*; »

2° Les ADVERBES DE MANIÈRE formés d'adjectifs conservent parfois le complément des adjectifs dont ils sont tirés : « il faut vivre *conformément à* son état. »

LOCUTIONS ADVERBIALES.

204. On appelle LOCUTION ADVERBIALE toute réunion de mots faisant l'office d'ADVERBE : *au-dessous, au-dessus, tout à fait,* etc.

CONJONCTION.

NATURE DE LA CONJONCTION.

205. La CONJONCTION sert à unir deux phrases. Quand on dit : « il pleure *et* il rit en même temps, » ce mot *et* lie la première phrase : « *il pleure,* » avec la seconde : « *il rit.* »

PRINCIPALES CONJONCTIONS.

206. Les principales CONJONCTIONS sont : *et, ni, ou, mais, or, donc, car, comme, quand, que, si,* etc.

207. *Que* conjonction se distingue de *que* interrogatif ou relatif en ce qu'il sert de simple liaison sans se rapporter à une personne ni à une chose : « je désire *que* vous veniez. » On le reconnaît facilement à ce qu'il ne peut pas se tourner par *lequel, laquelle.*

LOCUTIONS CONJONCTIVES.

208. On appelle LOCUTION CONJONCTIVE toute réunion de mots s'employant en guise de CONJONCTION : *au contraire, d'ailleurs, en effet, pourvu que, tandis que,* etc.

INTERJECTION.

NATURE DE L'INTERJECTION.

209. A proprement parler, l'INTERJECTION n'est pas une espèce de mot particulière : c'est un cri naturel qui exprime à lui seul un sentiment, comme la joie, l'effroi, la douleur.

PRINCIPALES INTERJECTIONS.

210. Les premières INTERJECTIONS ne sont autre chose que les voyelles mêmes, accompagnées d'ordinaire d'une aspiration plus ou moins forte : *ah! ha! eh! hé! hi! ô! oh! ho!*

211. Ces premières INTERJECTIONS ont produit des espèces d'INTERJECTIONS COMPOSÉES, telles que : *holà,* formé du cri *ho* destiné à appeler quelqu'un et de l'adverbe *là;*

hélas, formé du cri de douleur *hé* et de l'adjectif *las,* malheureux, fatigué.

LOCUTIONS INTERJECTIVES.

212. LES LOCUTIONS INTERJECTIVES se composent de mots qui, comme l'interjection même, ne font point partie du corps du discours et demeurent à l'état de cri ou d'invocation : *grand Dieu! juste ciel!*

APPENDICE.

I

H ASPIRÉE.

Hâbleur.
Hache.
Hagard.
Haie.
Haillon.
Haine.
Haire.
Halage.
Hâle.
Haleter.
Halle.
Hallebarde.
Hallier.
Halte.
Hamac.
Hameau.
Hampe.
Hanap.
Hanche.
Hangar.
Hanneton.
Hanse.
Hanter.
Happelourde.
Happer.
Haquenée.
Haquet.
Harangue.

Haras.
Harasser.
Harceler.
Hardes.
Hardi.
Harem.
Hareng.
Hargneux.
Haricot.
Haridelle.
Harnais.
Haro.
Harpe.
Harpie.
Harpon.
Hart.
Hasard.
Hase.
Haste.
Hâte.
Haubans.
Haubert.
Haut.
Hâve.
Havre.
Havre-sac.
Heaume.
Héler.

Hennir.
Héraut.
Hère.
Hérisser.
Hernie.
Héron.
Héros.
Herse.
Hêtre.
Heurter.
Hibou.
Hic.
Hideux.
Hie.
Hiérarchie.
Hisser.
Hobereau.
Hoche.
Hocher.
Homard.
Honnir.
Honte.
Hoquet.
Hoqueton.
Horde.
Horion.
Hors.
Hotte.

Houblon.
Houe.
Houille.
Houle.
Houlette.
Houppe.
Houppelande.
Hourder.
Houret.
Hourra, Hurrah.
Hourvari.
Housard, Hussard.
Houseaux.
Houspiller.
Houssine.
Houx.
Hoyau.
Huche.
Huchet.
Huer.
Huguenot.
Huit.
Humer.
Hune.
Huppe.
Hure.
Hurlement.
Hutte.

Les mots qui appartiennent à la même famille qu'un de ceux qui précèdent ont également l'*h* aspirée : comme on dit *la hache*, on dit *la hachette*, *le hachis*, *la hachure*, etc. Cependant l'*h*, aspirée dans *héros : le* HÉROS, est muette dans les mots qui dérivent de ce nom : *l'*HÉROÏNE, *l'*HÉROÏSME, *l'*HÉROÏQUE *résolution ;* elle est muette aussi dans *héraldique*, quoique ce mot appartienne à la même famille que *héraut*, où elle est aspirée.

La liste précédente ne comprend pas les noms de personnes ou de pays, les termes scientifiques, etc. (Voir, pour la liste complète des mots dans lesquels l'*h* est aspirée, le *Traité de prononciation* qui fera partie de ce *Cours*.)

II.

VERBE.

Pour compléter ce qui est relatif au *verbe*, nous plaçons ici :

1º Une liste de *verbes réguliers*, à conjuguer ;

2º L'indication de plusieurs classes de *verbes réguliers qui subissent quelques changements dans leur radical ;*

3º La liste des *verbes irréguliers*.

1º VERBES RÉGULIERS, *à conjuguer.*

Verbes de la PREMIÈRE CONJUGAISON, *à conjuguer sur* Frapp *er.*

Abîm *er*, Abreuv *er*, Agré *er*, Certifi *er*, Chant *er*,

Cré *er*, Daign *er*, Dans *er*, Implor *er*, Parl *er*, Pleur *er*, Pri *er*, Vacill *er*, Vers *er*, etc.

Verbes de la SECONDE CONJUGAISON, *à conjuguer sur* Fin *ir*.

Ag *ir*, Amoll *ir*, Applaud *ir*, Avert *ir*, Chois *ir*, Éclairc *ir*, Enfou *ir*, Ensevel *ir*, Gém *ir*, Guér *ir*, Mûr *ir*, etc.

Verbes de la TROISIÈME CONJUGAISON, *à conjuguer sur* Recev *oir*.

Concev *oir*, Décev *oir*, Dev *oir*, Percev *oir*, Apercev *oir*, etc.

Verbes de la QUATRIÈME CONJUGAISON, *à conjuguer sur* Rend *re*.

Attend *re*, Entend *re*, Pend *re*, Prend *re*, Prétend *re*, Répond *re*, Suspend *re*, Tord *re*, etc.

2º VERBES RÉGULIERS QUI SUBISSENT QUELQUES CHANGEMENTS DANS LEUR RADICAL.

Radical terminé par C.

C ayant deux sons : un *son doux*, devant *e, i* : *centre, citadelle*; un *son dur*, devant *a, o, u* : *cavalier, comète, curieux*; pour que, dans les verbes terminés en *cer*, *c* conserve le son doux de l'infinitif, on met une *cédille* sous le *c* devant les voyelles *a* et *o* : annon ç *a*, annon ç *ons*.

Conjuguez ainsi : Agac er, Amorc er, Avanc er, Balanc er, Berc er, Commenc er, Délac er, Dépec er, Devanc er, Enfonc er, Énonc er, Lanc er, Menac er, Pinc er, Rinc er, etc.

Radical terminé par G.

G ayant deux sons : un *son doux*, devant *e, i* : général, agile; un *son dur*, devant *a, o, u* : gamelle, gobelet, guttural; pour que, dans les verbes terminés en *ger*, *g* conserve le son doux de l'infinitif, on place un *e* entre le radical et les terminaisons commençant par *a* ou par *o* : mang ε *a*, mang ε *ons*, etc.

Conjuguez ainsi : Abrég er, Arrang er, Boug er, Corrig er, Dégag er, Dérang er, Dirig er, Encourag er, Engag er, Gag er, Jug er, Ménag er, Partag er, Rang er, Rong er, Song er, etc.

Radical dont la dernière syllabe contient un E muet.

Les verbes qui contiennent un *e muet* dans la dernière syllabe du radical changent cet *e muet* en *e ouvert* devant les terminaisons commençant par un *e muet* : men er, mèn e, mèn erons; harcel er, harcèl e, harcèl erions; achet er, achèt e, achèt eriez.

Conjuguez ainsi : Agnel er, Assen er, Becquet er, Bourrel er, Cel er, Crev er, Déchevel er, Démantel er, Écartel er, Égren er, Engren er, Étiquet er, Gangren er, Gel er, Grev er, Lev er, Martel er, Model er, Pel er, Pes er, Rapiécet er, Sem er, etc.

Plusieurs de ceux de ces verbes qui se terminent en *el* er ou en *et* er, au lieu de changer l'*e muet* du radical en *e ouvert*, redoublent les consonnes *l* et *t* : appel er, appell e, appell erais ; jet er, jett e, jett erons.

Conjuguez ainsi : Amoncel er, Attel er, Chancel er, Ensorcel er, Épel er, Étincel er, Ficel er, Grommel er, Javel er, Morcel er, Nivel er, Renouvel er, Ressemel er, Ruissel er, Tonnel er, etc.;

Brevet er, Cachet er, Coquet er, Couplet er, Décachet er, Déchiquet er, Dépaquet er, Empaquet er, Feuillet er, Mouchet er, Muguet er, Pochet er, Rejet er, Soufflet er, Tachet er, Tet er, Verget er, etc.

Radical dont la dernière syllabe contient un É fermé.

Les verbes qui contiennent un *é fermé* dans la dernière syllabe du radical le conservent devant les terminaisons de deux syllabes commençant par un *e muet* : régn er, régn eront, mais le changent en *e ouvert* devant les terminaisons d'une seule syllabe : règn e.

Conjuguez ainsi : Accélér er, Adhér er, Aér er, Alién er, Alléch er, Allégu er, Altér er, Arriér er, Blasphém er, Céd er, Célébr er, Confédér er, Considér er, Décrét er, Défér er, Différ er, Digér er, Écrém er, Empiét er, Énumér er, Espér er, Exéc er, Frét er, Gér er, Hébét er, Hél er, Impétr er, Imprégn er, Interprét er, Inquiét er, Insér er, Léch er, Légu er, Libér er, Macér er, Modér er, Morigén er, Posséd er, Préfér er, Profér er, Reflét er, Régénér er, Régl er, Réintégr er, Réitér er, Répét er, Révél er, Révér er, Séch er, Suggér er, Tempér er, Tolér er, Ulcér er, Végét er, etc.

Mais, quand l'*é fermé* du radical est suivi d'un *g* qui

précède immédiatement la terminaison, l'*é fermé* reste dans toute la conjugaison : abrég er, abrég e, abrég era.

Radical terminé par Y.

Les verbes en *oy* er, *uy* er, changent l'*y* du radical en *i* devant toutes les terminaisons commençant par un *e muet* : employ er, emploi e, emploi erait : essuy er, essui e, essui erai.

Pour les verbes en *ay* er, l'Académie laisse le choix entre les formes : pay er, pay e ou pai e ; pay erai, pai erai ou paî rai.

Grassey er, seul verbe en *ey* er, conserve l'*y* : grassey e.

3° VERBES IRRÉGULIERS [1].

Première conjugaison.

Aller, v. n. PARTICIPE : *présent*, Allant; *passé*, Allé.

PRÉSENT :	*Indicatif.*		*Impér.*	*Subjonctif.*
Je vais.	Nous allons.	Va.		J'aille.
Tu vas.	Vous allez.		Allons.	Nous allions.
Il va.	Ils vont.		Allez.	

PASSÉ : *Indic. imparf.* J'allais, *Indic. parf. déf.* J'allai. *Subj. imparf.* J'allasse.

1. Plusieurs des verbes dont nous allons parler ont des irrégularités beaucoup plus apparentes que réelles. Nous expliquerons les causes de ces irrégularités dans la *Grammaire historique*; mais, dans la *Grammaire élémentaire*, nous considérons comme irrégulier tout verbe qui s'écarte des modèles de conjugaison. Nous ne donnons les futurs de l'indicatif et du conditionnel que quand ils ne se forment pas directement de l'infinitif. (Voyez n° 145.)

FUTUR : *Indic.* J'irai; *Condition.* J'irais.

Les *locutions verbales* sont formées avec *être.*

Envoyer, v. a. PRÉSENT : *Indic.* J'envoie, Nous envoyons.
FUTUR : *Indic.* J'enverrai; *Condit.* J'enverrais.

Renvoyer, v. a. Voyez *Envoyer.*

Seconde conjugaison.

Abstenir (s'), v. réfléchi. Voyez *Tenir.*

Accourir, v. n. Voyez *Courir.*

Les *locutions verbales* sont formées tantôt avec *être* et tantôt avec *avoir.*

Accueillir, v. a. Voyez *Cueillir.*

Acquérir, v. a. PARTICIPE : *présent,* Acquérant; *passé,* Acquis.

PRÉSENT : *Indicatif.* *Subjonctif.*

J'acquiers.	Nous acquérons.	J'acquière.
Tu acquiers.	Vous acquérez.	Nous acquérions.
Il acquiert.	Ils acquièrent.	

PASSÉ : *Indic. imparf.* J'acquérais; *Indic. parf. déf.* J'acquis. *Subj. imparf.* J'acquisse.

FUTUR : *Indic.* J'acquerrai; *Condition.* J'acquerrais.

Advenir, v. n. Voyez *Avenir.*

Appartenir, v. n. Voyez *Tenir.*

Assaillir, v. a. PARTICIPE : *présent,* Assaillant; *passé,* Assailli.

PRÉSENT : *Indicatif.* *Subjonctif.*

J'assaille.	Nous assaillons.	J'assaille.
Tu assailles.	Vous assaillez.	Nous assaillions.
Il assaille.	Ils assaillent.	

PASSÉ : *Indic. imparf.* J'assaillais.

Il n'est guère usité qu'aux temps que nous venons d'indiquer.

Avenir ou *Advenir,* v. n. Voyez *Venir.*

Bénir, v. a. Ce verbe a deux *participes passés;* l'un régu-

lier : *béni, bénie* : « peuple *béni*, époque *bénie*; » l'autre
irrégulier : *bénit, bénite*, qui ne s'emploie qu'en parlant de
la bénédiction donnée par l'Église : «pain *bénit*, eau *bénite*. »

Bouillir, **v. n.**

PRÉSENT :　　　*Indicatif.*　　　　*Subjonctif.*

Je bous.　　Nous bouillons.　　Je bouille.
Tu bous.　　Vous bouillez.　　Nous bouillions.
Il bout.　　Ils bouillent.

PASSÉ : *Indic. imparf.* Je bouillais.

Circonvenir, v. a. Voyez *Venir*.
Concourir, v. n. Voyez *Courir*.
Conquérir, v. a. Voyez *Acquérir*.
Consentir, v. n. Voyez *Sentir*.
Convenir, v. n. Voyez *Venir*.
Courir, v. n. PARTICIPE : *présent*, Courant; *passé*, Couru.

PRÉSENT :　　　*Indicatif.*　　　*Impér.*　　*Subjonctif.*

Je cours. Nous courons.　Cours.　　Je coure.
Tu cours. Vous courez.　　Courons.　Nous courions.
Il court. Ils courent.

PASSÉ : *Indic. imparf.*　　*Indic. parf. déf.*　　*Subj. imparf.*
　　Je courais.　　　Je courus.　　　Je courusse.

FUTUR : *Indic.* Je courrai; *Condition.* Je courrais.

Couvrir, v. a. Voyez *Ouvrir*.
Cueillir, v. a. PARTICIPE : *présent*, Cueillant; *passé*, Cueilli.
　PRÉSENT : *Ind.* Je cueille; *Impér.* Cueille; *Subj.* Je cueille.
　PASSÉ : *Indic. imparf.*　　*Indic. parf. déf.*　　*Subj. imparf.*
　　Je cueillais.　　　Je cueillis.　　　Je cueillisse.

FUTUR : *Indic.* Je cueillerai; *Condition.* Je cueillerais.

Découvrir, v. a. Voyez *Ouvrir*.
Défaillir, v. n. PARTICIPE : *présent*, Défaillant; *passé*, Défailli.

PRÉSENT : *Indic.* Nous défaillons.
　　　　　　Vous défaillez.
　　　　　　Ils défaillent.

Passé : *Ind. imparf.* Je défaillais ; *Ind. parf. déf.* Je défaillis.
Le singulier du *présent indicatif* : Je défaus, tu défaus, il défaut ; le *futur* : Je défaudrai, et le *conditionnel* : Je défaudrais, ne sont plus en usage. Voyez *Faillir*.

Desservir, v. a. Voyez *Servir*.

Détenir, v. a. Voyez *Tenir*.

Devenir, v. n. Voyez *Venir*.

Dévêtir, v. a. Voyez *Vêtir*.

Disconvenir, v. n. Voyez *Venir*.

Discourir, v. n. Voyez *Courir*.

Dormir, v. n. Voyez *Sortir*.

Enquérir (s'), v. réfléchi. Voyez *Acquérir*.

Entretenir, v. a. Voyez *Tenir*.

Entr'ouvrir, v. a. Voyez *Ouvrir*.

Faillir, v. n. Participe : *présent*, Faillant ; *passé*, Failli.

Présent :   *Indicatif.*

Je faux.	Nous faillons.
Tu faux.	Vous faillez.
Il faut.	Ils faillent.

Passé : *Indic. imparf.*   *Indic. parf. déf.*   *Subj. imparf.*
      Je faillais.   Je faillis.   Je faillisse.

Les autres temps sont inusités et le *présent* vieillit.

Férir, v. a. Participe : *passé*, féru.

Les autres temps ne sont plus usités.

Fleurir, v. n.
Sa conjugaison est régulière au propre ; mais il fait quelquefois *florissais* à l'imparfait, et toujours *florissant* au *participe présent*, lorsqu'il est employé au figuré : « un état *florissant.* »

Fuir, v. a. et n. Participe : *présent*, Fuyant ; *passé*, Fui.

Présent : *Indicatif.*   *Subjonctif.*
      Je fuis.   Je fuie.
      Nous fuyons.   Nous fuyions.

Passé : *Indic. imparf.*   *Indic. parf. déf.*   *Subj. imp.*
      Je fuyais.   Je fuis.   Je fuisse.
      Nous fuyions.   Nous fuîmes.   Nous fuissions.

Gésir, v. n. PARTICIPE : *présent*, Gisant.

PRÉSENT : *Indicatif.*   PASSÉ. *Indicatif, imparf.*
    Il gît.   Je gisais, etc.
    Nous gisons.
    Vous gisez.
    Ils gisent.
Le reste du verbe est inusité.

Haïr, v. a. PARTICIPE : *présent*, Haïssant; *passé*, Haï.

PRÉSENT :   *Indicatif.*   *Subjonctif.*

    Je hais.   Nous haïssons.   Je haïsse.
    Tu hais.   Vous haïssez.   Nous haïssions.
    Il hait.   Ils haïssent.

PASSÉ : *Indic. imparf.*   *Indic. parf. déf.*   *Subj. imparf.*
    Je haïssais.   Je haïs.   Je haïsse.
    Nous haïssions.   Nous haïmes.   Nous haïssions.

Issir, v. n. N'est plus usité qu'au *participe passé* : Issu.

Maintenir, v. a. Voyez *Tenir*.

Mentir, v. n. Voyez *Sentir*.

Mourir, v. n. PARTICIPE : *présent*, Mourant; *passé*, Mort.

      Indicatif.   *Subjonctif.*

PRÉSENT :
    Je meurs. Nous mourons.   Je meure.   Nous mourions.
    Tu meurs. Vous mourez.   Tu meures. Vous mouriez.
    Il meurt. Ils meurent.   Il meure.   Ils meurent.

PASSÉ : *Indic. imparf.*   *Indic. parf. déf.*   *Subj. imparf.*
    Je mourais.   Je mourus.   Je mourusse.
    Nous mourions. Nous mourûmes. Nous mourussions.

FUTUR : *Indicatif.*   *Conditionnel.*
    Je mourrai.   Je mourrais.

Obtenir, v. a. Voyez *Tenir*.

Offrir, v. a. Voyez *Ouvrir*.

Ouïr, v. a. PARTICIPE : *présent*, Oyant; *passé*, Ouï.

PRÉSENT :   *Indicatif.*   *Subjonctif.*

    J'ois.   Nous oyons.   J'oye.
    Tu ois. Vous oyez.   Nous oyons.
    Il oit. Ils oient.

PASSÉ : *Indic. imparf.*   *Indic. parf. déf.*   *Subj. imparf.*
  J'oyais.   J'ouïs.   J'ouïsse.
  Nous oyions.   Nous ouïmes.   Nous ouïssions.

FUTUR :   *Indicatif.*   *Conditionnel.*

J'oirai   *ou* J'orrai.   J'oirais   *ou* J'orrais.
Nous oirons *ou* Nous orrons.   Nous oirions *ou* Nous orrions.
Ce verbe n'est plus guère en usage.

Ouvrir, v. a. PARTICIPE : *présent*, Ouvrant; *passé*, Ouvert.

PRÉSENT :   *Indicatif.*   *Subjonctif.*

  J'ouvre.   Nous ouvrons.   J'ouvre.
  Tu ouvres.   Vous ouvrez.   Nous ouvrions.
  Il ouvre.   Ils ouvrent.

PASSÉ : *Indic. imparf.*   *Indic. parf. déf.*   *Subj. imparf.*
  J'ouvrais.   J'ouvris.   J'ouvrisse.
  Nous ouvrions.   Nous ouvrîmes.   Nous ouvrissions.

Parcourir, v. a. Voyez *Courir.*
Partir, v. n. PARTICIPE : *présent*, Partant, *passé*, Parti.

PRÉSENT :   *Indicatif.*   *Subjonctif.*

  Je pars.   Nous partons.   Je parte.
  Tu pars.   Vous partez.   Nous partions.
  Il part.   Ils partent.

PASSÉ : *Indic. imparf.*   *Indic. parf. déf.*   *Subj. imparf.*
  Je partais.   Je partis.   Je partisse.
  Nous partions.   Nous partîmes.   Nous partissions.

Parvenir, v. n. Voyez *Venir.*
Pressentir, v. a. Voyez *Sentir.*
Prévenir, v. a. Voyez *Venir.*
Quérir, v. a. Ne s'emploie qu'à l'infinitif.
Recouvrir, v. a. Voyez *Ouvrir.*
  Pour la conjugaison de tous les verbes commençant par la
    particule *re*, qui indique que l'action est *renouvelée, redou-
    blée*, voyez le verbe simple, comme *Couvrir* pour *Recouvrir.*
Repartir, v. a. et n. Voyez *Partir.* Dans le sens de *partir de
    nouveau* ou de *retourner*, ce verbe forme ses *locutions ver-*

bales avec *être* : « il est *reparti* ce matin ; » dans le sens
de *répondre vivement*, il les forme avec *avoir* : « il ne lui
a reparti que des impertinences. »

Requérir, v. a. Voyez *Acquérir*.

Ressentir, v. a. Voyez *Sentir*.

Ressortir, v. n. Dans le sens de *sortir de nouveau*, il se con
jugue comme *Sortir*. Dans le sens de *être du ressort de*,
il ne s'emploie qu'à la troisième personne de quelques-uns
de ses temps.

Ressouvenir (se), v. réfléchi. Voyez *Venir*.

Retenir, v. a. Voyez *Tenir*.

Revêtir, v. a. Voyez *Vêtir*.

Rouvrir, v. a. Voyez *Ouvrir*.

Saillir, v. n. Employé en architecture, en parlant de ce qui
fait saillie, il se conjugue ainsi :

PARTICIPE : *présent*, Saillant.

PRÉSENT : *Indicatif.*   *Subjonctif.*
   Il saille.   Il saille.
   Ils saillent.   Ils saillent.

PASSÉ : *Indic. imparf.* Il saillait ; *Subjonct. imparf.* Il saillit.

FUTUR : *Indic.* Il saillera ; *Condition.* Il saillerait.

Il n'est guère usité qu'aux temps que nous venons d'indiquer,
et seulement aux troisièmes personnes. Dans le sens de
jaillir, il se conjugue régulièrement sur *Finir*, mais n'est
d'usage qu'aux troisièmes personnes et à l'infinitif.

Secourir, v. a. Voyez *Courir*.

Sentir, v. a. et n. PARTICIPE : *présent*, Sentant ; *passé*, Senti.

PRÉSENT :   *Indicatif.*   *Subjonctif.*

Je sens. Nous sentons. Je sente.
Tu sens. Vous sentez. Nous sentions.
Il sent. Ils sentent.

PASSÉ : *Indic. imparf.* *Indic. parf. déf.* *Subj. imparf.*
   Je sentais. Je sentis. Je sentisse.

Servir, v. a. et n. PARTICIPE : *présent*, Servant ; *passé*,
Servi.

Présent :	*Indicatif.*	*Subjonctif.*

Indicatif		*Subjonctif*
Je sers.	Nous servons.	Je serve.
Tu sers.	Vous servez.	Nous servions.
Il sert.	Ils servent.	

Passé : *Indic. imparf.*	*Indic. parf. déf.*	*Subj. imparf.*
Je servais.	Je servis.	Je servisse.

Sortir, v. n. Il forme ses *locutions verbales* tantôt avec *avoir* et tantôt avec *être*. Dans le sens de *passer du dedans au dehors*, il se conjugue comme *Sentir*.

En terme de palais, il ne s'emploie qu'à la troisième personne de quelques-uns de ses temps et au *participe présent : sortissant; il sortit; ils sortissent; il sortissait*, etc.

Souffrir, v. a. et n. Voyez *Ouvrir*.
Soutenir, v. a. Voyez *Tenir*.
Souvenir (se), v. réfléchi. Voyez *Venir*.
Subvenir, v. n. Voyez *Venir*.
Tenir, v. a. Participe : *présent*, Tenant ; *passé*, Tenu.

Présent :	*Indicatif.*	*Subjonctif.*

Indicatif		*Subjonctif*
Je tiens.	Nous tenons.	Je tienne.
Tu tiens.	Vous tenez.	Nous tenions.
Il tient.	Ils tiennent.	

Passé : *Indic. imparf.*	*Indic. parf. déf.*	*Subj. imparf.*
Je tenais.	Je tins	Je tinsse.
Nous tenions.	Nous tînmes.	Nous tinssions.

Tressaillir, v. n. Voyez *Assaillir*.
Venir, v. n. Voyez *Tenir*.

Il forme ses *locutions verbales* avec *être*.

Vêtir, v. a. Participe : *présent*, Vêtant ; *passé*, Vêtu.

Présent	*Indicatif.*	*Subjonctif.*

Indicatif		*Subjonctif*
Je vêts.	Nous vêtons.	Je vête.
Tu vêts.	Vous vêtez.	Nous vêtions.
Il vêt.	Ils vêtent.	

Passé : *Indic. imparf.*	*Indic. parf. déf.*	*Subj. imparf.*
Je vêtais.	Je vêtis.	Je vêtisse.

Troisième conjugaison.

Apparoir, v. n. PRÉSENT : *Indicatif.* Il appert.
  Il n'y a pas d'autres temps usités.
Asseoir, v. a. PARTICIPE : *présent*, Asseyant ; *passé*, Assis.

PRÉSENT :   *Indicatif.*   *Subjonctif.*

J'assieds.	Nous asseyons.	J'asseye.
Tu assieds.	Vous asseyez.	Nous asseyions.
Il assied.	Ils asseyent.	

PASSÉ : *Indic. imparf.* *Indic. parf. déf.* *Subj. imparf.*
     J'asseyais.   J'assis.   J'assisse.

FUTUR :   *Indicatif.*   *Conditionnel.*

    J'assiérai *ou* J'asseyerai. J'assiérais *ou* J'asseyerais.

On dit aussi :

PARTICIPE : *présent*, Assoyant.

PRÉSENT :   *Indicatif.*   *Subjonctif.*

J'assois.	Nous assoyons.	J'assoie.
Tu assois.	Vous assoyez.	Nous assoyions.
Il assoit.	Ils assoient.	

PASSÉ : *Indic. imparf.* J'assoyais.

FUTUR : *Indic.* J'assoirai ; *Condition.* J'assoirais.

Avoir, v. a. Voyez sa conjugaison page 70.
Choir, v. n. PARTICIPE : *passé*, Chu.
  Il n'est pas usité à d'autres temps.
Comparoir, v. n. N'a pas d'autres temps.
Coudouloir (se), v. réfléchi. N'a pas d'autres temps.
Déchoir, v. n. PARTICIPE : *passé*, Déchu.

PRÉSENT :   *Indicatif.*   *Subjonctif.*

Je déchois.	Nous déchoyons.	Je déchoie.
Tu déchois.	Vous déchoyez.	Nous déchoyions.
Il déchoit.	Ils déchoient.	

PASSÉ : *Indic. imparf.* *Indic. parf. déf.* *Subj. imparf.*
    Je déchoyais.   Je déchus.   Je déchusse.

Futur : *Indic.* Je décherrai; *Condition.* Je décherrais.

Échoir, v. n. Participe : *présent,* Échéant; *passé,* Échu.

Présent : *Indicatif.* Il échoit *ou* il échet.

Passé : *Indic. parf. déf.* J'échus; *Subj. imparf.* J'échusse.

Futur : *Indic.* J'écherrai; *Condition.* J'écherrais.

Il n'y a guère d'autres temps en usage.

Émouvoir, v. a. Voyez *Mouvoir.*

Entrevoir, v. a. Voyez *Voir.*

Équivaloir, v. n. Voyez *Valoir.*

Falloir, v. impersonnel. Participe : *passé,* Fallu.

Présent : *Indic.* Il faut; *Subj.* Il faille.

Passé : *Indic. imparf.*   *Indic. parf. déf.*   *Subj. imparf.*
        Il fallait.   Il fallut.   Il fallût.

Futur : *Indic.* Il faudra; *Condition.* Il faudrait.

Il n'y a point d'*impératif.*

Messeoir, v. n. Voyez *Seoir.*

Mouvoir, v. a. Participe : *présent,* Mouvant; *passé,* Mû.

Présent :   *Indicatif.*   *Subjonctif.*

Je meus.	Nous mouvons.	Je meuve.
Tu meus.	Vous mouvez.	Nous mouvions.
Il meut.	Ils meuvent.	

Passé : *Indic. imparf.*   *Indic. parf. déf.*   *Subj. imparf.*
        Je mouvais.   Je mus.   Je musse.
        Nous mouvions.   Nous mûmes.   Nous mussions.

Pleuvoir, v. impersonnel. Participe : *présent,* Pleuvant; *passé,* Plu.

Présent : *Indic.* Il pleut; *Subj.* Il pleuve.

Passé. *Indic. imparf.*   *Indic. parf. déf.*   *Subj. imparf.*
       Il pleuvait.   Il plut.   Il plût.

Pourvoir, v. n. Se conjugue comme *Voir,* excepté aux temps suivants :

Passé : *Indic. parf. déf.*   *Subjonct. imparf.*
        Je pourvus.   Je pourvusse.

FUTUR : *Indic.* Je pourvoirai; *Condition.* Je pourvoirais.

Pouvoir, v. a. PARTICIPE : *présent,* Pouvant; *passé,* Pu.

PRÉSENT :   *Indicatif.*   *Subjonctif.*

Je puis *ou* je peux. Nous pouvons.   Je puisse.
Tu peux.   Vous pouvez.   Nous puissions.
Il peut.   Ils peuvent.

PASSÉ : *Indic. imparf.*   *Indic. parf. déf.*   *Subj. imparf.*
Je pouvais.   Je pus.   Je pusse.

FUTUR : *Indic.* Je pourrai; *Condition.* Je pourrais.

Point d'*impératif;* point de féminin au *participe passé.*

révaloir, v. n. Se conjugue comme *Valoir,* excepté au *présent du subjonctif,* qui fait : Je prévale, etc.

prévoir, v. a. Voyez *Voir.*

Promouvoir, v. a. Se conjugue comme *Mouvoir,* et n'est guère usité qu'à l'*infinitif,* au *participe passé : promu* et aux *locutions verbales* qui en sont formées.

Rasseoir, v. a. Voyez *Asseoir.*

Ravoir, v. a. Ne s'emploie qu'à l'infinitif.

Savoir, v. a. PARTICIPE : *présent,* Sachant; *passé,* Su.

PRÉSENT :   *Indicatif.*   *Impér.*   *Subjonctif.*

Je sais.   Nous savons.   Sache.   Je sache.
Tu sais.   Vous savez.   Sachons.   Nous sachions.
Il sait.   Ils savent.

PASSÉ : *Indic. imparf.*   *Indic. parf. déf.*   *Subj. imparf.*
Je savais.   Je sus.   Je susse.

FUTUR : *Indic.* Je saurai; *Condition.* Je saurais.

Seoir, v. n.

Dans le sens d'*être assis,* n'est plus en usage qu'aux *participes : séant* et *sis,* et à l'*impératif : sieds-toi, seyez-vous.*

Dans le sens d'*être convenable,* l'*infinitif* n'est pas usité et le verbe se conjugue ainsi :

PARTICIPE : *présent,* Seyant.

PRÉSENT : *Indicatif.*
> Il sied.
> Ils siéent.

PASSÉ : *Indic. imparf.*
> Il seyait.
> Ils seyaient.

FUTUR : *Indic.* Il siéra; *Condition.* Il siérait.

Il ne s'emploie qu'aux temps simples que nous venons d'indiquer et toujours à la troisième personne.

Souloir, v. n. (*Avoir coutume.*) Ce vieux verbe ne s'emploie qu'à l'*infinitif* et à l'*imparfait : il soulait.*

Surseoir, v. a. et n. PARTICIPE : *présent*, Sursoyant; *passé*, Sursis.

PRÉSENT : *Indicatif.*

Je sursois.	Nous sursoyons.
Tu sursois.	Vous sursoyez.
Il sursoit.	Ils sursoient.

PASSÉ : *Indic. imparf.*   *Indic. parf. déf.*   *Subj. imparf.*
Je sursoyais.   Je sursis.   Je sursisse.

FUTUR : *Indic.* Je surseoirai; *Condition.* Je surseoirais.
Ces temps sont les seuls que l'Académie indique comme usités.

Valoir, v. n. PARTICIPE : *présent*, Valant; *passé*, Valu.

PRÉSENT : *Indicatif.*   *Subjonctif.*

Je vaux.	Nous valons.	Je vaille.	Nous valions.
Tu vaux.	Vous valez.	Tu vailles.	Vous valiez.
Il vaut.	Ils valent.	Il vaille.	Ils vaillent.

PASSÉ : *Indic. imparf.* *Indic. parf. déf.* *Subj. imparf.*
Je valais.   Je valus.   Je valusse.

FUTUR : *Indic.* Je vaudrai; *Condition.* Je vaudrais.

Voir, v. a. PARTICIPE : *présent*, Voyant; *passé*, Vu.

PRÉSENT : *Indicatif.*   *Subjonctif.*

Je vois.	Nous voyons.	Je voie.
Tu vois.	Vous voyez.	Nous voyions.
Il voit.	Ils voient.	

PASSÉ : *Indic. imparf.*   *Indic. parf. déf.*   *Subj. imparf.*
    Je voyais.   Je vis.   Je visse.

FUTUR : *Indic.* Je verrai ; *Condition.* Je verrais.

Vouloir, v. a. PARTICIPE : *présent,* Voulant ; *passé,* Voulu.

PRÉSENT :	*Indicatif.*	*Impératif.*	*Subjonctif.*
	Je veux. Nous voulons.	Veux *ou* Veuille.	Je veuille.
	Tu veux. Vous voulez.	Voulons.	Nous voulions.
	Il veut. Ils veulent.	Voulez *ou* Veuillez.	

PASSÉ : *Indic. imparf.*   *Indic. parf. déf.*   *Subj. imparf.*
    Je voulais.   Je voulus.   Je voulusse.

FUTUR : *Indic.* Je voudrai ; *Condition.* Je voudrais.

Quatrième conjugaison.

Abattre, v. a. Voyez *Battre.*

Absoudre, v. a. PARTICIPE : *présent,* Absolvant ; *passé,* Absous, Absoute.

PRÉSENT :	*Indicatif.*		*Subjonctif.*
	J'absous.	Nous absolvons.	J'absolve.
	Tu absous.	Vous absolvez.	Nous absolvions.
	Il absout.	Ils absolvent.	

PASSÉ : *Indic. imparf.*
    J'absolvais.

Ni *parfait défini,* ni *imparfait du subjonctif.*

Abstraire, v. a. Voyez *Traire.*

Accroire, v. n. Ne s'emploie qu'à l'*infinitif* avec le verbe *faire.*

Accroître, v. a. et n. Voyez *Croître.*

Admettre, v. a. Voyez *Mettre.*

Apparaître, v. n. Voyez *Paraître.*

Apprendre, v. a. Voyez *Prendre.*

Astreindre, v. a. Voyez *Peindre.*

Atteindre, v. a. Voyez *Peindre.*

Attraire, v. a. Ne s'emploie plus qu'à l'*infinitif.*

Battre, v. a. PARTICIPE : *présent*, Battant ; *passé*, Battu.

PRÉSENT :   *Indicatif.*   *Subjonctif.*

Je bats.	Nous battons.	Je batte.
Tu bats.	Vous battez.	Nous battions.
Il bat.	Ils battent.	

PASSÉ : *Indic. imparf.*   *Indic. parf. déf.*   *Subj. imparf.*
Je battais.   Je battis.   Je battisse.

Boire, v. a. PARTICIPE : *présent*, Buvant; *passé*, Bu.

PRÉSENT :   *Indicatif.*   *Subjonctif.*

Je bois.	Nous buvons.	Je boive.
Tu bois.	Vous buvez.	Nous buvions.
Il boit.	Ils boivent.	

PASSÉ : *Indic. imparf.*   *Indic. parf. déf.*   *Subj. imparf.*
Je buvais.   Je bus.   Je busse.

Braire, v. n. PARTICIPE : *passé*, Brait.

PRÉSENT :   *Indicatif.*

Je brais.	Nous brayons.
Tu brais.	Vous brayez.
Il brait.	Ils braient.

FUTUR : *Indic.* Je brairai ; *Condition.* Je brairais.

Ces temps sont les seuls usités.

Bruire, v. n.

PRÉSENT : *Indicatif.*
Il bruit.

PASSÉ :   *Indic. imparf.*

| Il bruyait. | Ils bruyaient. |

N'est guère usité à d'autres temps ni à d'autres personnes.

Ceindre, v. a. Voyez *Peindre.*

Circoncire, v. a. PARTICIPE : *présent*, Circoncisant ; *passé*, Circoncis.

PRÉSENT : *Indicatif.* *Subjonctif.*

Je circoncis.	Nous circoncisons.	Je circoncise.
Tu circoncis.	Vous circoncisez.	Nous circonci-
Il circoncit.	Ils circoncisent.	sions.

PASSÉ : *Indic. imparf.* *Indic. parf. déf.* *Subj. imparf.*
Je circoncisais. Je circoncis. Je circoncisse.

Circonscrire, v. a. Voyez *Écrire.*
Clore, v. a. PARTICIPE : *passé,* Clos.

PRÉSENT : *Indicatif.* *Impér.* *Subjonctif.*
Je clos. Clos. Je close.
Tu clos. Tu closes.
Il clôt. Il close.

FUTUR : *Indic.* Je clorai; *Condition.* Je clorais.

Les autres temps sont peu usités.

Combattre, v. a. Voyez *Battre.*
Comparaître, v. n. Voyez *Paraître.*
Comprendre, v. a. Voyez *Prendre.*
Conclure, v. a. PARTICIPE : *présent,* Concluant ; *passé,* Conclu.

PRÉSENT : *Indicatif.* *Subjonctif.*

Je conclus.	Nous concluons.	Je conclue.
Tu conclus.	Vous concluez.	Nous concluions.
Il conclut.	Ils concluent.	

PASSÉ : *Indic. imparf.* *Indic. parf. déf.* *Subj. imparf.*
Je concluais. Je conclus. Je conclusse.
Nous concluions. Nous conclûmes. Nous conclussions.

Confire, v. a. PARTICIPE : *présent,* Confisant ; *passé,* Confit.

PRÉSENT : *Indicatif.* *Subjonctif.*

Je confis.	Nous confisons.	Je confise.
Tu confis.	Vous confisez.	Nous confisions.
Il confit.	Ils confisent.	

PASSÉ : *Indic. imparf.* *Indic. parf. déf.* *Subj. imparf.*
Je confisais. Je confis. Je confisse.

Connaître, v. a. Voyez *Paraître.*
Contredire, v. a. Voyez *Dire.*

Il n'en diffère qu'à la deuxième personne du pluriel du *présent de l'indicatif* et de *l'impératif : Contredisez.*

Contrefaire, v. a. Voyez *Faire.*

Coudre, v. a. PARTICIPE : *présent,* Cousant ; *passé,* Cousu.

PRÉSENT :   *Indicatif.*   *Subjonctif.*

Je couds.	Nous cousons.	Je couse.
Tu couds.	Vous cousez.	Nous cousions.
Il coud.	Ils cousent.	

PASSÉ : *Indic. imparf.*   *Indic. parf. déf.*   *Subj. imparf.*
  Je cousais.   Je cousis.   Je cousisse.

Craindre, v. a. Voyez *Peindre.*

Croire, v. a. PARTICIPE : *présent,* Croyant ; *passé,* Cru.

PRÉSENT :   *Indicatif.*   *Subjonctif.*

Je crois.	Nous croyons.	Je croie.
Tu crois.	Vous croyez.	Nous croyions.
Il croit.	Ils croient.	

PASSÉ : *Indic. imparf.*   *Indic. parf. déf.*   *Subj. imparf.*
  Je croyais.   Je crus.   Je crusse.

Croître, v. n. PARTICIPE : *présent,* Croissant ; *passé,* Crû, Crue.

PRÉSENT :   *Indicatif.*   *Subjonctif.*

Je crois.	Nous croissons.	Je croisse.
Tu crois.	Vous croissez.	Nous croissions.
Il croit.	Ils croissent.	

PASSÉ : *Indic. imparf.*   *Indic. parf. déf.*   *Subj. imparf.*
  Je croissais.   Je crûs.   Je crusse.

Débattre, v. a. Voyez *Battre.*

Découdre, v. a. Voyez *Coudre.*

Décrire, v. a. Voyez *Écrire.*

Décroître, v. n. Voyez *Croître.*

Dédire, v. a. Voyez *Contredire.*

Défaire, v. a. Voyez *Faire.*

Démettre, v. a. Voyez *Mettre.*

Désapprendre, **v.** a. Voyez *Prendre.*

Dire, **v.** a. PARTICIPE : *présent,* Disant ; *passé,* Dit.

PRÉSENT :   *Indicatif.*   *Subjonctif.*

Je dis.   Nous disons.   Je dise.
Tu dis.   Vous dites.   Nous disions.
Il dit.   Ils disent.

PASSÉ : *Indic. imparf.*   *Indic. parf. déf.*   *Subj. imparf.*
Je disais.   Je dis.   Je disse.

Disparaître, v. n. Voyez *Paraître.*

Dissoudre, v. a. Voyez *Absoudre.*

Distraire, v. a. Voyez *Traire.*

Ébattre (s'), verbe réfléchi. Voyez *Battre.*

Éclore, v. n. PARTICIPE : *passé,* Éclos.

PRÉSENT :   *Indicatif.*   *Subjonctif.*

Il éclôt.   Ils éclosent.   Il éclose.   Ils éclosent.

FUTUR :   *Indicatif.*   *Conditionnel.*

Il éclôra.   Ils éclôront.   Il éclôrait.   Ils éclôraient.

Les autres temps ne sont pas usités ; les *locutions verbales* se forment avec *être.*

Écrire, v. a. PARTICIPE : *présent,* Écrivant ; *passé,* Écrit.

PRÉSENT :   *Indicatif.*   *Subjonctif.*

J'écris.   Nous écrivons.   J'écrive.
Tu écris.   Vous écrivez.   Nous écrivions.
Il écrit.   Ils écrivent.

PASSÉ : *Indic. imparf.*   *Indic. parf. déf.*   *Subj. imparf.*
J'écrivais.   J'écrivis.   J'écrivisse.

Élire, v. a. Voyez *Lire.*

Ensuivre (s'), v. réfléchi. Voyez *Suivre.*

Entreprendre, v. a. Voyez *Prendre.*

Être, v. n. Voyez sa conjugaison page 75.

Exclure, v. a. Voyez *Conclure.*

Extraire, v. a. Voyez *Traire.*

Faire v. a. PARTICIPE : *présent,* Faisant ; *passé,* Fait.

PRÉSENT :   *Indicatif.*   *Impér.*   *Subjonctif.*

Je fais.	Nous faisons.	Fais.	Je fasse.
Tu fais.	Vous faites.	Faisons.	Nous fassions.
Il fait.	Ils font.	Faites.	

PASSÉ : *Indic. imparf.*   *Indic. parf. déf.*   *Subj. imparf.*
    Je faisais.   Je fis.   Je fisse.

FUTUR : *Indic.* Je ferai ; *Condition.* Je ferais.

Ai se prononce *e* dans *faisant, faisons, faisais,* etc.

Feindre, v. a. Voyez *Peindre.*

Forfaire, v. n. PARTICIPE : *passé,* Forfait.

Ne s'emploie qu'à ce temps et dans les *locutions verbales.*

Frire, v. a. PARTICIPE : *passé,* Frit.

PRÉSENT : *Indicatif.*   *Impér.*
    Je fris.   Fris.
    Tu fris.
    Il frit.

FUTUR : *Indic.* Je frirai ; *Condition.* Je frirais.

Les autres temps ne sont pas en usage ; on y supplée à
    l'aide du verbe *faire* suivi de *l'infinitif : nous faisons
    frire,* etc.

Imboire, v. n. PARTICIPE : *passé,* Imbu.
    Inusité aux autres temps.

Inscrire, v. a. Voyez *Écrire.*

Instruire, v. a. Voyez *Nuire.*

Interdire, v. a. Voyez *Contredire.*

Joindre, v. a. Voyez *Peindre.*

Lire, v. a. PARTICIPE : *présent,* Lisant ; *passé,* Lu.

PRÉSENT :   *Indicatif.*   *Subjonctif.*

Je lis.	Nous lisons.	Je lise.
Tu lis.	Vous lisez.	Nous lisions.
Il lit.	Ils lisent.	

PASSÉ : *Indic. imparf.*   *Indic. parf. déf.*   *Subj. imparf.*
    Je lisais.   Je lus.   Je lusse.

Luire, v. n. PARTICIPE : *présent*, Luisant ; *passé*, Lui.

PRÉSENT :　　*Indicatif.*　　　　*Subjonctif.*

Je luis.	Nous luisons.	Je luise.
Tu luis.	Vous luisez.	Nous luisions.
Il luit.	Ils luisent.	

PASSÉ : *Indic. imparf.* Je luisais.

FUTUR : *Indic.* Je luirai ; *Condition.* Je luirais.

L'Académie n'indique ni *parfait défini*, ni *imparfait du subjonctif.* Le *participe passé* n'a point de féminin.

Maudire, v. a. PARTICIPE : *présent*, Maudissant ; *passé*, Maudit.

PRÉSENT :　　　*Indicatif.*

Je maudis.	Nous maudissons.
Tu maudis.	Vous maudissez.
Il maudit.	Ils maudissent.

PASSÉ :　　*Imparf.*
　　　　Je maudissais, etc.

Les autres temps se conjuguent comme *dire.*

Médire, v. n. Voyez *Contredire.*

Mettre, v. a. PARTICIPE : *présent*, Mettant ; *passé*, Mis.

PRÉSENT :　　*Indicatif.*　　　　*Subjonctif.*

Je mets.	Nous mettons.	Je mette.
Tu mets.	Vous mettez.	Nous mettions.
Il met.	Ils mettent.	

PASSÉ · *Indic. imparf.*　　*Indic. parf. déf.*　　*Subj. imparf.*
　　　　Je mettais.　　　　Je mis.　　　　Je misse.

Moudre, v. a. PARTICIPE : *présent*, Moulant ; *passé*, Moulu.

PRÉSENT :　　*Indicatif.*　　　　*Subjonctif.*

Je mouds.	Nous moulons.	Je moule.
Tu mouds.	Vous moulez.	Nous moulions.
Il moud.	Ils moulent.	

PASSÉ : *Indic. imparf.*　　*Indic. parf. déf.*　　*Subj. imparf.*
　　　　Je moulais.　　　　Je moulus.　　　　Je moulusse.

Naître, v. n. PARTICIPE : *présent*, Naissant; *passé*, Né.

PRÉSENT : *Indicatif.* *Subjonctif.*

Je nais.	Nous naissons.	Je naisse.
Tu nais.	Vous naissez.	Nous naissions.
Il naît.	Ils naissent.	

PASSÉ : *Indic. imparf.* *Indic. parf. déf.* *Subj. imparf.*
Je naissais. Je naquis. Je naquisse.

Nuire, v. n. PARTICIPE : *présent*, Nuisant; *passé*, Nui.

PRÉSENT : *Indicatif.* *Subjonctif.*

Je nuis.	Nous nuisons.	Je nuise.
Tu nuis.	Vous nuisez.	Nous nuisions.
Il nuit.	Ils nuisent.	

PASSÉ : *Indic. imparf.* *Indic. parf. déf.* *Subj. imparf.*
Je nuisais. Je nuisis. Je nuisisse.

Le *participe passé* féminin n'est pas usité. Les *locutions verbales* se forment avec avoir.

Oindre, v. a. PARTICIPE : *présent*, Oignant; *passé*, Oint.

PRÉSENT : *Indicatif.* *Subjonctif.*

J'oins.	Nous oignons.	J'oigne.
Tu oins.	Vous oignez.	Nous oignions.
Il oint.	Ils oignent.	

PASSÉ : *Indic. imparf.* *Indic. imparf. déf.* *Subj. imparf.*
J'oignais. J'oignis. J'oignisse.

Paître, v. a. PARTICIPE : *présent*, Paissant.

PRÉSENT : *Indicatif.* *Subjonctif.*

Je pais.	Nous paissons.	Je paisse.
Tu pais.	Vous paissez.	Nous paissions.
Il paît.	Ils paissent.	

PASSÉ : *Indic. imparf.* Je paissais.

Ce verbe n'a point de *participe passé*, point de *parfait défini* et point d'*imparfait du subjonctif*.

Paraître, v. n. PARTICIPE : *présent*, Paraissant ; *passé*, Paru.

PRÉSENT : *Indicatif.* *Subjonctif.*

Je parais.	Nous paraissons.	Je paraisse.
Tu parais.	Vous paraissez.	Nous paraissions.
Il paraît.	Ils paraissent.	

PASSÉ : *Indic. imparf.* *Indic. parf. déf.* *Subj. imparf.*
Je paraissais. Je parus. Je parusse.

Peindre, v. a. PARTICIPE : *présent*, Peignant ; *passé*, Peint.

PRÉSENT : *Indicatif.* *Subjonctif.*

Je peins.	Nous peignons.	Je peigne.
Tu peins.	Vous peignez.	Nous peignions.
Il peint.	Ils peignent.	

PASSÉ : *Indic. imparf.* *Indic. parf. déf.* *Subj. imparf.*
Je peignais. Je peignis. Je peignisse.

Poindre, v. a. et n. Se conjugue comme *peindre*, mais es aujourd'hui peu usité à plusieurs de ses temps.

Poursuivre, v. a. Voyez *Suivre*.

Prédire, v. a. Voyez *Contredire*.

Prendre, v. a. PARTICIPE : *présent*, Prenant ; *passé*, Pris.

PRÉSENT : *Indicatif.* *Subjonctif.*

Je prends.	Nous prenons.	Je prenne.
Tu prends.	Vous prenez.	Nous prenions.
Il prend.	Ils prennent.	

PASSÉ : *Indic. imparf.* *Indic. parf. déf.* *Subj. imparf.*
Je prenais. Je pris. Je prisse.

Prescrire, v. a. Voyez *Écrire*.

Proscrire, v. a. Voyez *Écrire*.

Rapprendre, v. a. Voyez, *Prendre*.

Résoudre, v. a. PARTICIPE : *présent*, Résolvant ; *passé*, Résolu, ou Résous.

PRÉSENT : *Indicatif.* *Subjonctif.*

Je résous.	Nous résolvons.	Je résolve.
Tu résous.	Vous résolvez.	Nous résolvions.
Il résout.	Ils résolvent.	

PASSÉ : *Indic. imparf.*   *Indic. parf. déf.*   *Subj. imparf.*
Je résolvais.   Je résolus.   Je résolusse.

On emploie *résolu* ou *résous* suivant le sens. *Résolu* se dit pour *décidé* : « un homme *résolu* à tout ; » *résous* se dit pour *dissous* : « le soleil a *résous* le brouillard. » *Résous* n'a point de féminin.

Rire, v. n. PARTICIPE : *présent,* Riant ; *passé,* Ri.

PRÉSENT :   *Indicatif.*   *Subjonctif.*

Je ris.	Nous rions.	Je rie.	Nous riions.
Tu ris.	Vous riez.	Tu ries.	Vous riiez.
Il rit.	Ils rient.	Il rie.	Ils rient.

PASSÉ : *Indic. imparf.*   *Indic. parf. déf.*   *Subj. imparf.*
Je riais.   Je ris.   Je risse.

Le *participe passé* n'a point de féminin.

Satisfaire, v. a. Voyez *Faire.*

Soudre, v. a. Ne s'emploie qu'à ce temps et assez rarement.

Sourdre, v. n. PRÉSENT : *Indic.* Il sourd. Ils sourdent.
Ce temps est le seul usité, et seulement à ces troisièmes personnes.

Souscrire, v. a. Voyez *Écrire.*

Soustraire, v. a. Voyez *Traire.*

Suffire, v. n. PARTICIPE : *présent,* Suffisant ; *passé,* Suffi.

PRÉSENT :   *Indicatif.*   *Subjonctif.*

Je suffis.	Nous suffisons.	Je suffise.
Tu suffis.	Vous suffisez.	Nous suffisions.
Il suffit.	Ils suffisent.	

PASSÉ : *Indic. imparf.*   *Indic. parf. déf.*
Je suffisais.   Je suffis.

L'imparfait n'est pas usité au *subjonctif.*

Suivre, v. a. PARTICIPE *présent,* Suivant ; *passé,* Suivi.

PRÉSENT :   *Indicatif.*   *Subjonctif.*

Je suis.	Nous suivons.	Je suive.
Tu suis.	Vous suivez.	Nous suivions.
Il suit.	Ils suivent.	

PASSÉ : *Indic. imparf.*   *Indic. parf. déf.*   *Subj. imparf.*
      Je suivais.   Je suivis.   Je suivisse.

Surfaire, v. a. Voyez *Faire*.

Surprendre, v. a. Voyez *Prendre*.

Survivre, v. n. Voyez *Vivre*.

Taire, v. a. PARTICIPE : *présent*, Taisant ; *passé*, Tu.

PRÉSENT :   *Indicatif.*   *Subjonctif.*

Je tais.   Nous taisons.   Je taise.
Tu tais.   Vous taisez.   Nous taisions.
Il tait.   Ils taisent.

PASSÉ : *Indic. imparf.*   *Indic. parf. déf.*   *Subj. imparf.*
      Je taisais.   Je tus.   Je tusse.

Tistre, v. a. Hors d'usage. Il n'a conservé que le *participe passé : tissu*, et a été remplacé aux autres temps par la forme moderne *tisser*.

Traire, v. a. PARTICIPE : *présent*, Trayant ; *passé*, Trait.

PRÉSENT :   *Indicatif.*   *Subjonctif.*

Je trais.   Nous trayons.   Je traie.
Tu trais.   Vous trayez.   Nous trayions.
Il trait.   Ils traient.

PASSÉ : *Indic. imparf.*
      Je trayais.

Il n'y a ni *parfait défini* ni *imparfait du subjonctif*.

Transcrire, v. a. Voyez *Écrire*.

Vaincre, v. a. PARTICIPE : *présent*, Vainquant ; *passé*, Vaincu.

PRÉSENT : *Indicatif.*   *Impér.*   *Subjonctif.*

Je vaincs. Nous vainquons. Vainquons. Nous vainquions.
Tu vaincs. Vous vainquez.
Il vainc.   Ils vainquent.

PASSÉ : *Indic. imparf.*   *Indic. parf. déf.*   *Subj. imparf.*
     Je vainquais.   Je vainquis.   Je vainquisse.

La seconde personne de l'*impératif* n'est pas en usage. Le *présent de l'indicatif* et l'*imparfait* sont peu usités.

Vivre, v. n. PARTICIPE : *présent,* Vivant; *passé,* Vécu.

PRÉSENT :   *Indicatif.*   *Subjonctif.*

Je vis.	Nous vivons.	Je vive.
Tu vis.	Vous vivez.	Nous vivions.
Il vit.	Ils vivent.	

PASSÉ : *Indic. imparf.*   *Indic. parf. déf.*   *Subj. imparf.*
     Je vivais.   Je vécus.   Je vécusse.

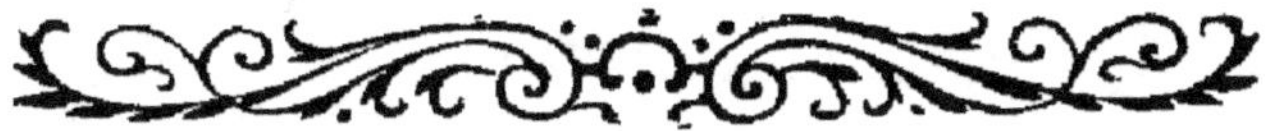

TABLE DES MATIÈRES.

Adjectif.

Pronom et Adjectif pronominal[1].

Verbe[2].

1. Voyez les pages 37-40 pour *l'adjectif déterminatif*, appelé par les grammairiens *article*.

2. Voyez les pages 78-79 pour le *participe*.

Conjonction.

Interjection.

APPENDICE.

Paris. — J. CLAYE, imprimeur. — [133]

LIVRES D'ENSEIGNEMENT.
(ÉDITIONS A L'USAGE DES CLASSES.)

Volumes petit in-12, imprimés en caractères elzéviriens
et soigneusement cartonnés.

VOLUMES PUBLIÉS

ANTHOLOGIE DES POËTES FRANÇAIS, depuis le
xve siècle jusqu'à nos jours. 1 volume. 2 50
GRAMMAIRE ÉLÉMENTAIRE DE LA LANGUE FRAN-
ÇAISE, par Ch. Marty-Laveaux. 1 volume. . . . . . . » 75

EN PRÉPARATION

GRAMMAIRE HISTORIQUE DE LA LANGUE FRANÇAISE.
ANTHOLOGIE DES PROSATEURS FRANÇAIS.
MYTHOLOGIE.
HISTOIRE ANCIENNE DES PEUPLES DE L'ORIENT.
HISTOIRE GRECQUE.
HISTOIRE ROMAINE.
HISTOIRE DU MOYEN AGE.
HISTOIRE DES TEMPS MODERNES.
HISTOIRE DE FRANCE.
HISTOIRE DE LA LITTÉRATURE ANCIENNE (grecque
et romaine).
HISTOIRE DE LA LITTÉRATURE FRANÇAISE, depuis ses
origines jusqu'à la Renaissance.
HISTOIRE DE LA LITTÉRATURE EN FRANCE, depuis la
Renaissance jusqu'à nos jours.
HISTOIRE DES LITTÉRATURES ÉTRANGÈRES, depuis
leur origine jusqu'à nos jours.
GÉOGRAPHIE.
ARITHMÉTIQUE.
GÉOMÉTRIE ÉLÉMENTAIRE.
NOTIONS DE CHIMIE ET DE PHYSIQUE.
HISTOIRE NATURELLE ÉLÉMENTAIRE.

PARIS. — J. CLAYE, IMPRIMEUR, 7, RUE SAINT-BENOIT. — [133]